BEN PERRY

# norddeutsch by nature

Die neue Küche aus Deutschlands Norden

FOTOGRAFIE
TOMMY HETZEL

GESTALTUNG
LENA DAETZ

CHRISTIAN

INHALT

## VORWORT



## REZEPTE



## ZU BESUCH

INHALT



## ANHANG

# VORWORT

**Gibt es so etwas wie »die norddeutsche Küche«? Ich würde sagen ja. Zum einen ist, wie in vielen anderen Regionen Deutschlands, die typische Esskultur hier immer noch überall spürbar, zum anderen ist sie wie in den meisten Küstenregionen, stark mit der Natur, den Gezeiten, mit Wind und Wetter verbunden.**

Genau das macht für mich die norddeutsche Küche so unglaublich spannend. Zum einen die Tradition und diese stolzen Menschen, welche noch wirklich mit alten überlieferten Rezepten kochen; und zum anderen diese sprudelnde, raue, blühende und salzige Natur.

Für mich ist der Ansatz zu kochen und sich mit Lebensmitteln auseinanderzusetzen unmittelbar auch mit der Verantwortung verbunden, in dieser Wertschöpfungskette, also vom Meer oder aus dem Acker bis auf den Teller, möglichst naturnah, ursprünglich und ressourcenschonend zu arbeiten. Aber natürlich auch mit dem Anspruch ein super leckeres, spannendes und auch zeitgemäßes Gericht zu kreieren.

So bin ich also mit meinem Bulli und jeder Menge Equipment losgefahren, um die Küste und das norddeutsche Land zu erkunden, zu kochen, Menschen zu treffen und mehr über die Tradition und das Handwerken mit Lebensmitteln zu erfahren. Und über meine eigenen norddeutschen Wurzeln. Ich habe Bauern und Gärtner, Fischer und Gastronomen, Käsemeister, Braumeister, Rinder- und Salzwiesenlammzüchter getroffen und mit ihnen über ihre Arbeit geredet, über Essen, das Leben und die Zukunft.

# VORWORT

Vor einem Jahr ist mir aus dem Nachlass meiner Oma ein augenscheinlich sehr altes, handgeschriebenes Kochbuch in die Hände gefallen. Da ich selbst kein Sütterlin lesen kann, habe ich es mit meiner Mutter »durchgearbeitet«. Wir haben schnell erkannt, welchen Schatz aus Lüneburg wir hier in den Händen hielten.

Das Kochbuch war von Uroma Meta, genau genommen der Schwester meiner Uroma. Dieses Kochbuch von Meta hat mich noch einmal sehr inspiriert, mich mit der norddeutschen Küche zu befassen, mit ihrer Geschichte und nun, über hundert Jahre später, diese Rezepte mit einem neuen Zeitgeist zu versehen, aber trotzdem in ihren traditionellen Ideen zu bewahren.
Ich habe so viele tolle und spannende Menschen auf dieser Reise kennengelernt. Und die gastfreundliche und gesprächige Seite der Norddeutschen. Die gibt es wirklich!
Mir ist es wichtig, einen behutsamen Umgang mit der Natur und Tieren auf dem Land und im Meer zu vermitteln. Das bedeutet für mich eine moderne Küche. Wenn wir jetzt genießen, müssen wir immer auch an morgen denken.

Und es ist mir ein echtes Anliegen, eine Lanze für kleine und bäuerliche Betriebe zu brechen. Handwerk ist so etwas Wertvolles. Handwerk bedeutet Kultur und Identität, und in den allermeisten Fällen auch gesunde Lebensmittel, fern der Massenproduktion. Schaut euch um vor der Haustür, es gibt sicher einige Betriebe, die gut erreichbar sind. Es lohnt sich.

Ich wünsche euch viel Spaß mit meiner norddeutschen Küche und beim Nachkochen!

Euer Benjamin Perry

# ZUR EINSTIMMUNG

## Kleine Gerichte

Die klassischen Vorspeisen und Menüfolgen sind in Norddeutschland eher unüblich. Stattdessen lebt und entwickelte sich die norddeutsche Küche immer auf Grundlage ihrer grandiosen und frischen Produkte. Hier kann man genussvoll aus dem Vollen schöpfen. Klassische Kombinationen treffen hier auf neuen Zeitgeist, Kräcker auf Matjes und Meerforelle auf Ceviche.

Ich habe die außergewöhnliche Käserei in der Domäne Fredeburg besucht und mir von Käsemeister Lothar De Vries die Käsekeller und deren Herstellung zeigen lassen. Das cremige Rührei mit Krabben und Bratwurst ist in der Küche meines Bullis und auf der Reise entstanden.

Dieses Kapitel soll euch nicht nur auf dieses Buch einstimmen, sondern auf die norddeutsche Küche insgesamt. Traditionell und heimatverbunden, aber nicht stehen geblieben, sondern modern und durch ihre naturnahe und produktbezogene Küche in Abhängigkeit der Gezeiten auch in ihrem Grundgedanken nachhaltig und klimatisch sinnvoll.

# SAURE Krabbenstulle

**DILLBUTTER**
50 g Sauerrahmbutter
1 unbehandelte Zitrone
10 Stängel Dill
1 TL Meersalz

**SENFKAVIAR**
1 TL Zucker
4 EL Senfsaat
4 TL Apfelsaft naturtrüb

6 große saure Gurken
1 kleine Zwiebel
200 g Krabbenfleisch
6 dickere Scheiben Sauerteigbrot

**45** Minuten
**6** Personen

**DILLBUTTER** | Für die Dillbutter weiche Butter in ein schmales hohes Gefäß geben und so lange mit einem Rührstab schlagen, bis sie cremig wird. Zitrone waschen, die Schale abreiben und den Saft auspressen. Die Schale zur Butter geben. Ebenso die Hälfte des Saftes. Dill von den Stängeln zupfen und etwas als Garnierung zurückbehalten. Den Rest fein hacken, auch zur Butter geben und mit Meersalz würzen. Alles noch einmal gut vermengen und dann kalt stellen.

**SENFKAVIAR** | Für den Senfkaviar in einem kleinen Topf Zucker mit 1 EL Wasser zum Kochen bringen. So lange kochen, bis ein hellbrauner Karamell entsteht. Senfsaat dazugeben und mit dem Apfelsaft ablöschen. So lange kochen, bis eine dickflüssige Konsistenz entsteht. Dann kalt stellen.

Gurken fein würfeln. Zwiebel abziehen und in dünne Ringe schneiden. Krabben mit dem restlichen Zitronensaft mischen. Brot mit Dillbutter bestreichen. Gleichmäßig Gurkenwürfel, Krabben, Senfkaviar und die übrigen Dillspitzen auf der Stulle verteilen. Mit Zwiebelringen belegen und servieren.

# HANNOVERSCHE Erbsensuppe mit pochiertem Ei

**ERBSENSUPPE** | Für die Erbsensuppe Zwiebeln abziehen und grob würfeln. Sellerie schälen, waschen und ebenfalls grob würfeln. Knoblauch abziehen und in 4 Teile schneiden. Alles gemeinsam in einem Topf mit erhitztem Rapsöl anbraten.

Zucker zugeben und weiterbraten, bis der Zucker karamellisiert. Salz zugeben und alles umrühren. Dann die Erbsen (einige als Einlage zurückhalten) und die Gemüsebrühe in den Topf geben und bei geschlossenem Deckel 20 Minuten leicht kochen lassen.

Die Suppe pürieren, die verbliebenen Erbsen dazugeben und weitere 5 Minuten bei geringer Temperatur im Topf lassen. In dieser Zeit können die Eier gut zubereitet werden.

**POCHIERTE EIER** | Für die pochierten Eier einen Topf mit 1,5 Litern Wasser zum Kochen bringen, mit Salz würzen und den Essig dazugeben. Wenn das Wasser kurz vor dem Kochen ist, die Temperatur etwas reduzieren. Das Wasser vorsichtig mit einem Löffel in eine strudelnde Bewegung versetzen. Das rohe Ei in eine Suppenkelle geben und vorsichtig mit der Strudelbewegung des Wassers in das Wasser gleiten lassen. Etwa 4–5 Minuten im simmernden Wasser lassen. Dann mit einer Schaumkelle vorsichtig hinausnehmen und abtropfen lassen.

Die heiße Suppe mit dem frisch pochierten Ei in der Mitte servieren.

**ERBSENSUPPE**
2 Zwiebeln
¼ Knollensellerie
1 Knoblauchzehe
3 EL Rapsöl
1 EL Zucker
2 TL Salz
200 g Erbsen
250 ml Gemüsefond (siehe Seite 208)

**POCHIERTE EIER**
2 TL Salz
50 ml Weißweinessig
4 Eier (Größe L)

**60** Minuten
**4** Personen

# BAUERNFRÜHSTÜCK vom Deich

**ZUTATEN**
2 mittelgroße festkochende Kartoffeln
1 rote Paprikaschote
4 EL Rapsöl
1 kleine Zwiebel, gewürfelt
4 Eier (Größe L)
100 ml Vollmilch 3,5 %
1 TL Salz
1 Msp. geriebene Muskatnuss
2 Msp. frisch gemahlener schwarzer Pfeffer
50 g Deichkäse (Hartkäse), gerieben

**50** Minuten
**2–3** Personen

**BAUERNFRÜHSTÜCK** | Einen Topf mit ausreichend Wasser und den Kartoffeln aufstellen und die Kartoffeln kochen.
Die gekochten Kartoffeln pellen und etwa einen Zentimeter groß würfeln, ebenso die gewaschene rote Paprika würfeln.

Die Kartoffelwürfel mit dem Rapsöl in einer beschichteten, backofengeeigneten Pfanne (etwa 25 cm Durchmesser) anbraten, bis sie goldbraun sind. Nun die gewürfelte Zwiebel und Paprika beigeben und mit anschwitzen.

Eier in einer Schüssel mit Vollmilch, Salz, Muskat und Pfeffer verquirlen. Den geriebenen Deichkäse untermischen. Die Mischung in die Pfanne zu den Paprika und den Kartoffeln geben, die Temperatur leicht zurücknehmen und etwa 2 Minuten in der Pfanne lassen. Dann im vorgeheizten Backofen bei 160 °C Umluft etwa 20 Minuten backen.

Das Bauernfrühstück heiß servieren und in Stücke wie bei einem Kuchen teilen.

# CEVICHE der Meerforelle mit Rogensalat und Bärlauchpesto

**BÄRLAUCHPESTO** | Für das Bärlauchpesto Bärlauch waschen und grob hacken, die Stiele werden nicht verwendet. Knoblauch abziehen und fein hacken. Zitronenschale abreiben und den Saft auspressen. Den Saft beiseitestellen.

Bärlauch und Knoblauch mit Haselnusskernen und Zitronenschale in einem Mörser zerstoßen. Dabei langsam das Rapsöl einfließen lassen, bis eine cremige Konsistenz erreicht ist, Salz untermischen. Man kann das Pesto auch in einem schmalen, hohen Gefäß mit einem Pürierstab herstellen, allerdings geht das etwas zu Lasten der Farbe und Inhaltsstoffe.

**CEVICHE** | Für die Ceviche Meeresforelle filetieren, die Gräten ziehen und die Haut abziehen. Die sauberen Filets mit einem sehr scharfen Messer flach in dünne Scheiben schneiden und diese kreisförmig auf dem Teller anrichten. Das Forellenfleisch mit dem beiseitegestellten Zitronensaft des Pestos bepinseln.

Das Pesto auf dem Fisch verteilen, alles mit Forellenrogen garnieren und servieren.

**BÄRLAUCHPESTO**
1 Bund frischer Bärlauch
½ Knoblauchzehe
1 unbehandelte Zitrone
10 geröstete Haselnusskerne
50 ml Rapsöl
1 TL Salz

**CEVICHE**
1 Meerforelle (ca. 400 g)

**GARNITUR**
2 EL Forellenrogen

**35** Minuten
**4** Personen

# BÜSUMER RÜHREI
## mit Bratwurst und Hefetoast mit Butter

**HEFETOAST** | Für den Toast Hefe und Zucker in der lauwarmen Vollmilch auflösen. Hefemilch mit Mehl, Ei, Salz und der weichen Süßrahmbutter zu einem homogenen Teig verkneten. Zwei Backformen (15 cm Länge) mit Butter einfetten. Den Teig zu zwei länglichen Laiben formen, in die Backformen legen, mit etwas flüssiger Süßrahmbutter bestreichen und abgedeckt eine Stunde gehen lassen.

Währenddessen den Backofen auf 200 °C Ober- und Unterhitze vorheizen. Das Toastbrot im Backofen etwa 15 Minuten goldbraun backen. Auskühlen lassen. Stürzen, in etwa fingerdicke Scheiben schneiden und diese goldbraun toasten.
(Die Menge reicht für zwei Brote. Eins ist für 4 Personen gedacht, das zweite kann man gut aufheben. Der Teig wird besser, wenn man ihn in dieser Menge zubereitet.)

**RÜHREI** | Für das Rührei Eier in einer Schüssel mit Vollmilch, Salz, etwas Pfeffer und Muskatnuss verrühren. Bratwürste in etwa 1 cm breite Stückchen schneiden, in einer Pfanne mit Rapsöl scharf anbraten und die Temperatur reduzieren. Etwas Butter in der Pfanne schmelzen lassen und die Ei-Masse zu den Würsten geben. Mit einem Teigschaber langsam und ständig rühren. Die Temperatur leicht erhöhen, bis das Ei anfängt zu stocken und cremig zu werden, dann die Temperatur wieder reduzieren. Das Rührei sollte am Ende weich und cremig sein. Kurz vor dem Servieren die Krabben unterheben, ggf. noch mal nachsalzen, mit frischem Pfeffer würzen und die Kräuter unterheben. Das Rührei noch warm und direkt aus der Pfanne zu den mit etwas Süßrahmbutter bestrichenen Toastbrotscheiben servieren.

**TOAST**
½ Würfel frische Hefe
10 g Zucker
60 ml Vollmilch
250 g Mehl Typ 550
1 Ei (Größe L)
2 Msp. Salz für das Toastbrot und das Rührei
70 g Süßrahmbutter und etwas für die Form

**RÜHREI**
4 Eier (Größe L)
50 ml Vollmilch
1 TL Salz
2 Msp. frisch gemahlener schwarzer Pfeffer
1 Msp. geriebene Muskatnuss
3 Bratwürste (à 50 g)
1 TL Rapsöl
30 g Süßrahmbutter
150 g Büsumer Krabben
2 Stängel frische gehackte Kräuter nach Belieben, z.B. Dill, Petersilie, Kerbel

**80** Minuten
**4** Personen

# SIRUP-DILL-KRÄCKER mit Matjestatar, Radieschen und Kresse

**SIRUP-KRÄCKER** | Für die Sirup-Kräcker Dinkelmehl, Buchweizenmehl, Zuckerrübensirup, weiche Butter, Eiweiß und Salz in einer Schüssel zu einem homogenen Teig vermengen. Von den Dillstängeln die weichen »Blätter« abzupfen, fein hacken und unter den Teig mischen.

Den Teig auf einem mit Backpapier ausgelegten Backblech dünn verstreichen und im vorgeheizten Backofen bei 150 °C Umluft etwa 10 Minuten backen. Das Blech mit dem gebackenen Teig auskühlen lassen, dann die Kräcker in die gewünschte Form brechen.

**MATJESTATAR** | Für den Matjestatar Matjesfilets waschen, trocken tupfen und fein würfeln. Radieschen waschen und ebenfalls ähnlich wie die Matjes würfeln. Beides in eine Schüssel geben und mit Pfeffer, Apfelessig und Honig vermengen und mit Apfelessig, Honig und Pfeffer abschmecken.

Den Matjestatar auf den Kräckern anrichten, mit reichlich Kresse bestreuen und servieren.

**SIRUP-KRÄCKER**
30 g Dinkelmehl
30 g Buchweizenmehl
50 g Zuckerrübensirup
40 g Süßrahmbutter
1 Eiweiß (Ei Größe L)
1 Msp. Salz
2 Stängel Dill

**MATJESTATAR**
3 Matjesfilets (etwa 60 g pro Filet)
5 Radieschen
2 Msp. frisch gemahlener schwarzer Pfeffer
1 TL Apfelessig
1 TL Blütenhonig
½ Packung Bio-Kresse

**60** Minuten
**6** Personen

KW 14
Kistenschilder:
Aussaaten
Anbauplanung
umschreiben
warten
Kompost
präparieren
Netze
Beete anlegen
Erde dämpfen
für Lothar
Pflanzen?
Berichtshefte
Waldorfschule

Lothar De Vries, Domäne Fredeburg,
biodynamischer Landbau, Schleswig-Holstein

# DER KÄSEMEISTER

## Lothar De Vries

Als wir in der Domäne Fredeburg ankommen, staunen wir nicht schlecht. Ein moderner und riesiger lichtdurchfluteter Neubau aus Holz mit Beton und Stahl empfängt uns. Wir treten ein und es öffnet sich ein wirklich toller Bio-Hofmarkt-Laden, etwas von allem.

Aber vor allen Dingen sehr geschmackvoll eingerichtet, Stahlrahmen auf Holztheken, frei hängende Glühbirnen, Restaurantbereich mit Hof und dann auch nach hinten raus einem Blick in die Landschaft und Felder. Innen betrachtet könnte der Laden auch in Hamburg-Eimsbüttel stehen, aber er befindet sich in Fredeburg, mitten im Naturpark Lauenburgische Seen, nahe Lübeck.

Bekannt und beliebt ist die Domäne für viele Dinge, besonders aber für ihren vielfach ausgezeichneten und prämierten Bio-Rohmilch-Käse aus der eigenen Käserei. Lothar hat mit seiner Frau und drei befreundeten Paaren 1989 das Landgut gepachtet, und bis heute wird dieser gewachsene Betrieb von diesen Familien geführt. Ich finde, dass klingt auch ganz schön anstrengend, ist mein erster Gedanke. Lothar hat das Käsen von einem vorherigen Käsemeister hier auf dem Hof gelernt und binnen weniger Jahre zu einer herausragenden Professionalität gebracht. Ganz aktuell hat er den norddeutschen Käsepreis gewonnen, Chapeau!

An die 20 verschiedene Käse produziert Lothar für den Verkauf im Hofladen und der Gastronomie. Aber auch an Schulen, Kantinen und Restaurants liefert er. Hartkäse, Weichkäse, Schnittkäse, aber auch Quark und Frischkäse werden hergestellt. Lothar geht noch einen Schritt weiter und affiniert seinen Käse mit Weißwein und Pfeffer, auch mal mit Kräutern. Nur Namen haben die Käse nicht, anders als die Kühe, die keinen Steinwurf vom Käsekeller in den offen konzipierten und großzügigen Ställen stehen. »Natürlich nur wenn sie nicht auf der Weide rumhopsen«, lacht Lothar.

Tatsächlich stehen auf der überdimensionalen Kreidetafel im Stall die Namen jeder Kuh, ihr Alter und die wichtigsten Informationen. Muttergebundene Kälberaufzucht ist hier das Stichwort. Das bedeutet, die Kälber bleiben noch mindestens 3 Monate nach der Geburt bei ihrer Mutter. Auch Schweine werden hier, unter gleichen Ansprüchen an artgerechte Tierhaltung, gehalten. Hatte ich schon erwähnt, dass Lothar so ganz nebenbei auch Bürgermeister von Fredeburg ist? Ehrenamtlich, da ist es wieder das verschmitzte Lachen. »Lothar, kannst du mir mal deine Handynummer geben, ich rufe dich dann die Tage an«, sage ich beim Verabschieden. »Handy? Handy habe ich keines, die Leute wissen dann schon, wo sie mich finden.« Und wieder – das Lachen.

**AN DIE 20 KÄSE PRODUZIERT LOTHAR FÜR DEN VERKAUF IM HOFLADEN.**

DE 01 234
78 159

# AUF EIN WORT MIT LOTHAR DE VRIES

**WAS IST DEIN LIEBLINGSGERICHT?**
Spätzle mit Geschnetzeltem und Weißweinsauce.

**WAS IST DER ANTRIEB FÜR DEINE ARBEIT?**
Positives in die Welt zu setzen.

**WAS WÜNSCHST DU DIR FÜR DIE ZUKUNFT?**
Dass dieser Ort positive Signale in die Welt sendet.

**WAS MACHT DICH GLÜCKLICH?**
Menschen für unsere Sache zu begeistern.

**WIE LANGE ÜBST DU DEINE ARBEIT SCHON AUS?**
Seit 28 Jahren.

**LOTHAR DE VRIES**
Käser, Bürgermeister Fredeburg,
Mitgründer Domäne Fredeburg
**DOMÄNE FREDEBURG**

# FRISCHKÄSE MIT HANF

## Möhrengrün, Winterpostelein und Sesam-Knäckebrot

**HANF-MÖHRENPESTO** | Für das Hanf-Möhrenpesto Möhrengrün und Petersilienblätter waschen, vom Stängel zupfen und in einen mittelgroßen Mörser geben. Hanfsaat, Zitronensaft und -schale sowie Salz beigeben und alles gut zermörsern, bis eine weiche und cremige Masse entstanden ist.

**FRISCHKÄSE** | Für den Frischkäse Kuhmilch-Frischkäse in eine Schüssel geben und mit Hanföl und Salz cremig und glatt rühren.

**KNÄCKEBROT** | Für das Knäckebrot in einer Schüssel die Mehle, 140 ml Vollmilch, 50 ml Wasser und Salz zu einem homogenen Teig verkneten. Am besten verwenden Sie hierfür ein Rührgerät mit einem Knethaken. Nach 5 Minuten kneten die weiche Butter einfließen lassen und danach die restliche Vollmilch. Weiterrühren, bis alles zu einer eher flüssigen Masse vermengt ist.
Die Masse so dünn wie möglich auf Backpapier streichen, mit Sesam bestreuen und bei 180 °C Umluft im vorgeheizten Backofen etwa 10 Minuten knusprig backen.

Den Frischkäse mit einem Löffel auf dem Teller wellenförmig anrichten und das Hanföl und das Hanf-Möhrenpesto daraufgeben. Mit Hanfsamen und Zitronenschale gleichmäßig bestreuen. Die gezupften und gewaschenen Posteleinblätter in den Käse stecken und zusammen mit dem Knäckebrot servieren.

**HANF-MÖHRENPESTO**
20 g Möhrengrün
8 Stängel glatte Petersilie
80 g geschälte Hanfsaat
Saft und Schale von ½ unbehandelten Zitrone
1 TL Salz

**FRISCHKÄSE**
140 g Kuhmilch-Frischkäse
2 EL kalt gepresstes Hanföl
1 TL Salz

**KNÄCKEBROT**
40 g Weizenvollkornmehl
40 g Dinkelvollkornmehl
190 ml Vollmilch 3,5%
20 g Salz
70 g Süßrahmbutter
2 EL Sesam

**GARNITUR**
2 EL kalt gepresstes Hanföl
2 TL Hanfsamen
Schale von ½ unbehandelten Zitrone
2 Zweige Winterpostelein

**35** Minuten
**4** Personen

VIT 8
VIT 8

Wenn das Meer auf das Land trifft,
passieren immer spannende und beeindruckende Dinge.
Zwei völlig unterschiedliche und empfindliche Ökosysteme ringen um unsere Aufmerksamkeit, so scheint es. Tatsächlich ist das Gegenteil der Fall.
Wir dürfen hier behutsam sein, mit Respekt und Salzluft um die Nase.

# VOM KUTTER

## Vom Schipp

Die Produkte aus Küstenregionen zaubern den allermeisten Menschen ein Lächeln ins Gesicht und sie inspirieren seit Generationen zu tollen, gesunden und traditionellen Gerichten. Da braucht man nicht viel Schnickschnack, das Produkt, frisch und unbehandelt auf dem Teller, der Fisch, das Salz, etwas Säure, Speck, Kartoffeln, Algen, Salat, Austern, Venus- und Miesmuscheln, Kräuter und Äpfel, das sind die Einheimischen dieser Küste.

Auf meiner Reise am Meer entlang habe ich die Hiddenseer Kutterfischer besucht, die Amrumer Wildauster geerntet und viele nette und herzliche Menschen getroffen. Ganz frisch gefangener Fisch, direkt vom Kutter, das ist ein absolutes Fest. Ich will gar nichts anderes mehr.

Alles hier sind für mich Sehnsuchtsorte, das Land und das Meer, und alles dazwischen. Und ich weiß jetzt, warum die Menschen hier Grog trinken, dass Gummistiefel auch innen nass werden können, und dass mit »immer eine Handbreit Wasser unterm Kiel« nicht das Wasser gemeint ist, sondern das Leben.

# SCHOLLE
## mit Speck und Muscheln

**SCHOLLE** | 3 EL Rapsöl mit Salz vermischen und auf der Scholle verteilen. Diese dann auf den heißen Grill legen und mit offenem Deckel je 10 Minuten von jeder Seite braten, danach noch einmal 5 Minuten mit geschlossenem Deckel. Die Scholle ist gut, wenn sich das Fleisch leicht mit der Gabel von der Mittelgräte lösen lässt.

**MUSCHELN** | In dieser Zeit Muscheln zubereiten. Hierfür die Muscheln waschen. Zwiebel und Knoblauch abziehen, Knoblauch halbieren und den inneren Strunk herausnehmen. Knoblauch und Zwiebel fein würfeln. Speck erst in Scheiben und dann in Streifen schneiden. Restliches Rapsöl in einem Topf erhitzen, Zwiebel, Knoblauch und Speck dazugeben und anbraten. Muscheln in den Topf geben, Wermuth darübergeben und bei geschlossenem Deckel 5 Minuten kochen.

Ganz am Schluss Süßrahmbutter zugeben und damit den entstandenen Sud etwas abbinden. Blätter der gewaschenen glatten Petersilie abzupfen und hacken.

Die Scholle auf einer Platte anrichten, die Muscheln und den Speck darübergeben, mit Petersilie bestreuen und mit Zitrone garnieren.

**ZUTATEN**
5 EL Rapsöl
1 TL Meersalz
1 Scholle (ca. 1,2 kg)
500 g Muscheln (Venus- oder Herzmuscheln)
1 Zwiebel
1 Knoblauchzehe
100 g durchwachsener, geräucherter Speck
20 ml heller Wermuth
40 g Süßrahmbutter
5 Stängel glatte Petersilie
1 Zitrone zum Garnieren

**40** Minuten
**4** Personen

Gunnar Hesse, Amrumer Wildauster, Amrum

# DIE AMRUMER Wildauster

Gunnar redet gerne über seine Arbeit und seine Philosophie. Und ich höre ihm gerne zu. Man merkt sofort, dass da jemand vor einem steht, der mit ganzem Herzen macht, was er liebt – und nichts dem Zufall überlässt.

Familie Hesse betreibt das wunderschöne Hotel Seeblick ****s Genuss und Spa-Resort auf der Nordseeinsel Amrum. Dass Gunnar seine Liebe auch bei den wilden Austern gefunden hat, welche hier bei Ebbe in voller Pracht auf dem Wattenmeerboden zu finden sind, liegt da auf der Hand. Gemeinsam mit einem lizensierten Fischer gründete er das Konzept Amrumer Wildauster; dabei verwendet und verkauft er selbst die Austern hauptsächlich in seinem Hotel. Aber auch bei Einheimischen ist diese Delikatesse schon immer sehr beliebt.

Ganz einfach war der Weg nicht. Über engmaschige Kontrollen des Gesundheitsamtes, Lizenzen des Fischerei Amtes, bis hin zu einem gekühlten Meerwasserbecken zum Lagern – aber all diese Hürden haben sie mit Bravour und entspannt überwunden – wir können ihnen nur danken.

Ich habe selten solch frische und unglaublich leckere Austern gegessen. Sie werden in der Saison direkt von Hand gesammelt. Etwa 1000 Austern im Monat werden so gesammelt, zurzeit hat er Sammler von der Nachbarinsel, die ihn da unterstützen, da der Amrumer Fischer krank ist.

Zudem habe ich den Eindruck, dass Gunnar die Dinge sehr durchdacht und nachhaltig angeht. Natürlich was Nahrungsmittel betrifft, aber eben auch mit Blick auf den ganzen Betrieb. Der Umgang mit den Mitarbeitern zum Beispiel. Fast alle sind seit vielen Jahren vor Ort beschäftigt, die meisten im eigenen Haus ausgebildet. Aber auch Details wie die Abwärme der Kühlhäuser, welche die Schwimmbäder auf Temperatur hält, durchdenkt er nachhaltig.

Wenn Gunnar nicht in der Küche ist oder im Wattenmeer spaziert, ist er irgendwo auf der Insel Salzkräuter sammeln. Queller und dergleichen; Pilze, Fichtentriebe, Wildrosenblüten oder geschlossene Löwenzahnblüten, welche wie Kapern sauer eingelegt werden, findet man hier. Eine unglaubliche Vielfalt!

Dass das Rind auch von der Insel kommt und das Küchenteam gemeinsam Makrelen und andere Fische angelt sowie selbst räuchert, braucht man fast nicht mehr zu erwähnen. Oder Gunnar hat frei – denn auch das gehört zu einem nachhaltigen Betrieb, sagt er. Alle haben 2 Tage frei. Auch der Chef, denn das sei wichtig. Wie recht er hat.

Freiheit

Seeblick

**WAS IST DEIN LIEBLINGSGERICHT?**
Ich mag es gerne ausgefallener, daher würde ich ganz klar Gerichte mit Innereien sagen. In meiner Heimat sind solche Gerichte sehr selten.

**WAS IST DER ANTRIEB FÜR DEINE ARBEIT?**
Das Strahlen und die Begeisterung von Gästen, nachdem sie bei uns gegessen haben. Es zeigt einem, dass man nicht umsonst Stunden in der Küche steht.

# AUF EIN WORT MIT GUNNAR HESSE

**GUNNAR HESSE**
Austernbesessener; Wildkräutersammler, Gastronom, Hotelier.
**DIE AMRUMER WILDAUSTER**

**WAS WÜNSCHST DU DIR FÜR DIE ZUKUNFT?**
Dass mehr Menschen einen Draht zur Nachhaltigkeit und Regionalität bekommen. Sie sollten sich nicht davor scheuen, mehr auszugeben für qualitativ bessere Lebensmittel und sich auch mehr damit beschäftigen. Es kann so viel mehr als nur eine Essgewohnheit sein.

**WAS MACHT DICH GLÜCKLICH?**
Auf dieser wunderbaren Insel meine Heimat gefunden zu haben, meiner Leidenschaft nachgehen zu können und trotzdem nah an der Natur und den Menschen zu sein, die ich liebe.

**WIE LANGE ÜBST DU DEINE ARBEIT SCHON AUS?**
Ganz grob gesagt kann ich sagen, mein Leben lang. Schon als Kind half ich oft im Familienbetrieb aus, bis ich dann offiziell mit schon 15 Jahren meine Lehre als Koch begann. Nachdem ich landesweit in verschiedensten Betrieben gearbeitet und Erfahrungen gesammelt habe, übernahm ich dann mit 24 Jahren das Hotel.

# WILDAUSTERN von Gunnar, fünf Varianten

**NATURAUSTERN**

2 Scheiben Pumpernickel
1 EL weiche Süßrahmbutter
2 dicke Scheiben Husumer Hofkäse (oder ähnlich kräftiger Käse)
4 Stück kleinere Wildaustern
Zum Servieren: Crushed Ice
½ unbehandelte Zitrone

**SPECKAUSTERN**

4 Stück größere Wildaustern
4 junge Frühlingszwiebeln
2 EL Rapsöl
1 Msp. feines Meersalz
1 Msp. frisch gemahlener schwarzer Pfeffer
1 Msp. geriebene Muskatnuss
2 Scheiben Frühstücksspeck, halbiert

**GEBACKENE AUSTERN**

2 festkochende Kartoffeln
½ kleine weiße Zwiebel
1 Scheibe durchwachsener Speck
1 EL Süßrahmbutter
50 ml Gemüsefond (siehe Seite 208)
1 EL Weißweinessig
1 TL mittelscharfer Senf
½ TL feines Meersalz
1 Msp. frisch gemahlener schwarzer Pfeffer
½ TL Zucker
4 Stück größere Wildaustern
4 EL Weizenmehl Typ 405
1 Ei (Größe L)
8 EL Paniermehl
200 ml Rapsöl zum Ausbacken
4 Stängel Schnittlauch

**GRATINIERTE AUSTERN**

4 Stück größere Wildaustern
100 g Süßrahmbutter
200 g Spinat
1 Schalotte
1 EL Rapsöl
2 Msp. feines Meersalz
1 Msp. frisch gemahlener schwarzer Pfeffer
1 Eigelb
30 ml Weißwein
1 Spritzer Estragonessig
50 g geriebener Deichkäse, alt

**CRUSTILION**

50 g Zanderfilet ohne Haut, ohne Gräten
40 ml Schlagsahne
1 Eiswürfel
1 Msp. feines Meersalz
4 große Wildaustern
100 ml Milch 3,5 %
50 g Schwarte vom Katenschinken
1/10 Pkt. Kateifi Teigfäden (online bestellen oder im griechischen Feinkostladen kaufen)
150 g gemischte Bohnen, z.B. gelbe Wachsbohnen/Stangenbohnen/Brechbohnen
1 Bürgermeisterbirne (oder ähnliche)
4 Scheiben Speck
1 Schalotte
2 Msp. feines Meersalz
1 Msp. frisch gemahlener schwarzer Pfeffer
200 ml Rapsöl zum Frittieren

**120** Minuten
**4** Personen

# WILDAUSTERN von Gunnar, fünf Varianten

**NATURAUSTERN** | Für die Naturaustern Pumpernickel mit weicher Butter bestreichen, eine Käsescheibe darauflegen und wieder mit Butter bestreichen. Nun Pumpernickel drauflegen, das Ganze noch einmal wiederholen, sodass zum Schluss oben, in der Mitte und unten je eine Pumpernickelscheibe liegt, dazwischen der Käse. Das Brot kann in Folie verpackt mehrere Tage im Kühlschrank gelagert werden. Die Austern öffnen und auf Eis servieren; Lösen nicht vergessen. Pumpernickel-Käsebrot in Quadrate schneiden und mit Zitronenecken zu den Austern anrichten.

**SPECKAUSTERN** | Für die Speckaustern Austern öffnen, den Muskel lösen und das Fleisch in einem Sieb abtropfen lassen. Frühlingszwiebeln waschen, im Ganzen mit 1 EL Rapsöl hell anbraten und mit Salz, Pfeffer und Muskat abschmecken. Die Austern in Speck einwickeln und in einer Pfanne mit dem restlichen Rapsöl von jeder Seite 1 Minute anbraten.

**GRATINIERTE AUSTERN** | Die Austern öffnen, den Muskel lösen, das Fleisch in einem Sieb abtropfen lassen. Süßrahmbutter in einem Topf zerlassen (ca. 65 °C). Spinat waschen und verlesen. Schalotte abziehen, fein würfeln, in Rapsöl anschwitzen, Spinat dazugeben und mit Salz und Pfeffer abschmecken. Die unteren Austernschalen mit dem Spinat füllen. Die Austern darauf platzieren. Die so hergerichteten Austern bei 150 °C Umluft etwa 3 Minuten im vorgeheizten Backofen backen. In der Zwischenzeit Eigelb mit Weißwein und Estragonessig in einer möglichst runden Schüssel über einem heißen Wasserbad schaumig aufschlagen. Nun die vorhin zerlassene Süßrahmbutter erst tröpfchenweise und dann in einem dünnen Strahl einfließen lassen, bis eine dickflüssige Sauce Hollandaise entstanden ist. Austern aus dem Ofen holen (evtl. Flüssigkeit abgießen). Die Sauce Hollandaise mit einem Löffel auf die Austern geben und den Deichkäse darüberstreuen. Nun die Austern noch einmal im Backofen bei Oberhitze mit Grillfunktion gratinieren, bis der Käse hellbraun geröstet ist.

**GEBACKENE AUSTERN** | Für die gebackenen Austern Kartoffeln schälen, waschen, fein würfeln und in Salzwasser kochen, bis sie fast weich sind. Zwiebel und Speck in feine Würfel schneiden. Speck- und Zwiebelwürfel mit Süßrahmbutter leicht anbraten und mit Gemüsebrühe ablöschen.

Essig, Senf, Salz, Pfeffer und Zucker dazugeben und einen Sud kochen. Den Sud auf die Kartoffeln geben und den Kartoffelsalat mindestens 2 Stunden ziehen lassen. (Er hält sich auch mehrere Tage im Kühlschrank, muss nur vor dem Servieren temperiert werden.)

Austern öffnen, den Muskel lösen und das Fleisch in einem Sieb abtropfen lassen. Das Austernfleisch auf einem Küchenpapier abtrocknen. Nun die Austern erst in Mehl, dann in dem verquirlten Ei und zum Schluss in Paniermehl wälzen und sie so panieren.

In einem kleinen, möglichst hohen Topf das Rapsöl auf 180 °C erhitzen. Hierfür können Sie ein Thermometer oder den Stiel eines Kochlöffels verwenden. Wenn dieser im Öl kleine Blasen wirft, ist die Temperatur ungefähr erreicht. Die panierten Austern nun im Öl etwa 2–3 Minuten frittieren, bis sie goldgelb gebräunt sind. Anschließend auf Küchenpapier abtropfen lassen.

Den Schnittlauch fein hacken und unter den Kartoffelsalat mischen. Die Austern auf dem lauwarmen Kartoffelsalat anrichten.

**CRUSTILION** | Für die Crustilion Zander waschen, trocken tupfen, fein würfeln und mit Sahne und Eiswürfel in ein kleines, hohes Gefäß geben. Salz zugeben und mit einem Pürierstab eine cremige Masse, eine Farce, herstellen.

Austern öffnen, den Muskel lösen und das Fleisch in einem Sieb abtropfen lassen. Milch mit Speckschwarte kochen lassen, bis die Milch auf die Hälfte eingekocht ist, dann durch ein Sieb in einen kleinen Topf abgießen.

Für die Crustilion die Austern mit der Farce relativ dünn bestreichen, diese dann in die Fäden des Kateifi-Teiges einrollen, wie bei einem Lockenwickler, und etwas Teig nach oben abstehen lassen.

Bohnen waschen, die Enden abschneiden, Bohnen in Salzwasser kochen, bis sie gerade weich sind und anschließend in Eiswasser abschrecken. Birne waschen, halbieren und das Kerngehäuse entfernen. Birne und Bohnen würfeln.

Speck in einer Pfanne kross ausbraten und auf Küchenpapier legen. Schalotte abziehen und fein würfeln. In einem kleinen Topf Schalottenwürfel anbraten, Bohnen dazugeben und mit Salz und Pfeffer abschmecken. Erst kurz vor dem Anrichten Birnenwürfel dazugeben und alles einmal durchschwenken.

Austern-Crustilion in 170 °C heißem Rapsöl goldbraun ausbacken und auf Küchenpapier abtropfen lassen. Vor dem Anrichten die Speckmilch mit dem Pürierstab aufschäumen und mit dem Löffel etwas von dem Schaum auf die Austern geben. Den krossen Speck dazulegen und servieren.

# MATJES im Brötchen mit Zwiebel und Apfel-Chicorée-Salat

**APFEL-CHICORÉE-SALAT**
1 rotschaliger säuerlicher Apfel (z.B. Boskop, Topaz)
1 mittelgroßer Chicorée
100 g saure Sahne
1 Msp. grob gemahlener schwarzer Pfeffer
1 TL Blütenhonig
2 Msp. Salz

**ZUM BELEGEN DER BRÖTCHEN**
1 kleine rote Zwiebel
4 Matjesfilets
4 frische Brötchen (z.B. Kartoffelbrötchen)
einige Petersilienblätter zum Garnieren

**35** Minuten
**4** Brötchen

**APFEL-CHICORÉE-SALAT** | Für den Apfel-Chicorée-Salat den gewaschenen Apfel achteln und das Kerngehäuse entfernen. Die Achtel in feine Streifen schneiden und in eine Schüssel geben.

Chicorée halbieren und den festen Strunk herausschneiden. Die Blätter ebenfalls in Streifen schneiden und zu dem Apfel geben. Mit saurer Sahne, schwarzem Pfeffer und Honig vermengen und zu einem cremigen Salat verarbeiten. Mit Salz abschmecken.

**BRÖTCHEN** | Zum Belegen der Brötchen Zwiebel abziehen und in Ringe schneiden. Matjes etwas abtupfen, und frische Brötchen aufschneiden. Anrichten wie auf dem Bild dargestellt. Auf beide Brötchenhälften Salat geben, in die Mitte den Matjes mit den Zwiebeln legen, mit Petersilie garnieren und mit dem Apfel-Chicorée-Salat servieren.

# STEINBUTT mit Algen-Orangen-Salat

Sie können den Steinbutt auch filetiert kaufen, hier gehen Sie von ungefähr 800 g Filet aus. Den ganzen Steinbutt filetieren. Die beiden Filets von der hellen Seite mit Haut belassen, die beiden Filets von der dunklen und körnigen Seite von der Haut befreien.

Algen in kaltem Wasser 30 Minuten einweichen, in ein Sieb geben, mit kaltem Wasser gut spülen und in einem Topf mit reichlich Wasser aufkochen. 20 Minuten leicht köcheln, dann abgießen und auskühlen lassen. Algen grob schneiden und in eine Schüssel geben.

Orangen mit einem scharfen Messer von der Schale befreien, Filets herauslösen und beiseitelegen. Den Saft aus dem Orangenfleisch herauspressen und zu den Algen geben. Ebenso Sesamöl, Essig und Honig zu den Algen geben und gut vermischen. Vor dem Anrichten die Orangenfilets untermischen und mit den 2 Msp. Salz abschmecken.

Steinbutt-Filets in Portionen schneiden. Rapsöl in eine beschichtete Pfanne geben und die Filets (jene mit Haut erst auf der Hautseite) hineinlegen. Die Filets vorher nicht würzen. Jetzt die Pfanne langsam, aber stetig erhitzen und die Filets auf der Seite liegen lassen, bis sie schön braun und knusprig sind (3–4 Minuten). Dann die Filets umdrehen und die Temperatur der Pfanne reduzieren. Die Filets mit der Resttemperatur der Pfanne weitergaren, bis sie gar sind und noch einen saftigen Kern haben. Die Filets vor dem Servieren mit Meersalz und Pfeffer würzen.

Zum Servieren richtet man etwas von dem Algen-Orangensalat in der Mitte des Tellers an und legt ein frisch gebratenes Stück Filet dazu.

**ZUTATEN**
1,5–1,8 kg Steinbutt
50 g getrocknete Algen
(z.B. Wakame, Meeresspaghetti)
2 Saftorangen
2 EL geröstetes Sesamöl
2 TL heller Weinessig
2 TL flüssiger Honig
2 Msp. Salz
20 ml Rapsöl
1 TL Meersalz
½ TL frisch gemahlener dunkler Pfeffer

**80** Minuten
**4** Personen

# KABELJAU im Bierteig mit Kerbelmayonnaise und Radieschensalat

**KABELJAU IM BIERTEIG** | Für den Kabeljau im Bierteig in eine Schüssel Mehl, Backpulver, Salz und Paprikapulver geben und vermengen. Das Ei zugeben und mit einem Schneebesen rühren, während das Bier langsam zugegossen wird. So lange rühren, bis ein homogener Teig entstanden ist.

Rapsöl in einem Topf auf 170 °C erhitzen. Die Kabeljaustücke durch den Teig ziehen und vorsichtig in das Öl gleiten lassen. Benutzen Sie hierfür gerne eine Gabel. Die Stücke im sprudelnden Öl etwa 4 Minuten knusprig ausbacken. Währenddessen wenden.

Mit einer Schaumkelle die Stücke herausheben und auf Küchenpapier abtropfen lassen. Wenn notwendig, können die Stücke auch im vorgeheizten Backofen bei 160 °C etwa 4 Minuten warm gehalten werden.

**KERBELMAYONNAISE** | Für die Kerbelmayonnaise Kerbel waschen, die Blätter von den Stängeln zupfen und fein hacken. Eigelb in ein schmales, hohes Gefäß geben. Salz, Senf und Zitronensaft dazugeben. Mit einem Pürierstab die Mischung mixen, während das Rapsöl in einem feinen Strahl zugegeben wird, bis eine cremige Masse entstanden ist. Die gehackten Kerbelblätter unter die Mayonnaise mischen.

**RADIESCHENSALAT** | Für den Radieschensalat Radieschen waschen und die Stängel abschneiden, wobei ein kleiner Teil der Stängel stehen bleiben darf. Dann die Radieschen halbieren und in eine Schüssel geben. Balsamicoessig, Rapsöl und Salz zugeben und alles gut durchmischen. Der gebackene Kabeljau muss sehr rasch nach dem Backen serviert werden, damit er noch knusprig ist. Für eine Portion zwei Stücke des Kabeljaus mit etwas Kerbelmayonnaise und Radieschensalat servieren.

**FÜR DEN KABELJAU IM BIERTEIG**
120 g Weizenmehl Type 405
2 Msp. Backpulver
½ TL Salz
2 Msp. Paprikapulver, edelsüß
1 Ei (Größe L)
120 ml Bier
1 l Rapsöl
8 Stücke geputzter Kabeljau (ca. 100 g pro Stück)

**KERBELMAYONNAISE**
20 Stängel Kerbel
2 Eigelb (Ei Größe L)
2 Msp. Salz
2 Msp. mittelscharfer Senf
2 Spritzer Zitronensaft
120 ml Rapsöl

**RADIESCHENSALAT**
2 Bund Radieschen (ca. 20 Stück)
2 EL heller Balsamicoessig
3 EL Rapsöl
½ TL Salz

**50** Minuten
**4** Personen

AHL 41
NADLER

# HIDDENSEER Kutterfischer

**Steffen Schnorrenberg**
**Fischer des Vereins der Hiddenseer Kutterfischer**
**Hiddensee, Rügen, Ostsee**

Fischerei, wie sie sein sollte! Ich treffe Steffen auf Hiddensee; die Sonne steht tief und ein paar Schritte vom Hafen entfernt flickt er die Löcher in seinen Stellnetzen. Seit 28 Jahren bald ist Steffen Schnorrenberg nun Fischer mit Leib und Seele. Und das merkt man.

Dass sich hier auf Rügen und Hiddensee acht Fischer zusammengetan haben und sich der Verein Hiddenseer Kutterfischer gegründet hat, ist kein Zufall. Hauptsächlich Heringe, aber auch Schollen, Makrelen, Zander und Dorsch fangen die Kutterfischer in den Flachgewässern vor Rügen. Die Nachfrage ist zwar da, doch die Quoten und die Preise im Großhandel sinken, während die Bürokratie steigt und es an Nachwuchs mangelt.

Hier kommt der Verein ins Spiel. Die Idee ist simpel und doch genial. Die Fischer vertreiben ihren Fisch hauptsächlich an die umliegenden Gastronomen und Restaurants. Alles, was jetzt noch übrig ist, wird unter der Marke Hiddenseer Kutterfischer in Dosen und Gläser als Delikatesse verbracht, und das Marketing und die PR übernimmt der Verein. Das Konzept ist nachhaltig, vom Fisch über das Öl, den Senf, die Verpackung und das Abfüllen, alles passiert im Umkreis von 100 km. Und die Fischer bekommen einen besseren Preis für ihren Fisch und können von ihrem Auskommen leben, was keine Selbstverständlichkeit mehr ist.

Das war tatsächlich das erste Mal, dass mich Fischkonserven sowohl vom Konzept, aber besonders auch von der Qualität absolut begeistert haben. Das ist auch der Grund, weshalb ich mit dem geräucherten Bückling aus der Dose ein Rezept entwickelt habe, was mir eine kindische Freude gemacht hat.

Mich haben die Kutterfischer stark beeindruckt. Als nachhaltige und sorgsame Handwerker, als pfiffige Ideengeber und Vorreiter, aber besonders als großartige Menschen.

**BEI DEN FISCHERN AUF HIDDENSEE KANN EIN ARBEITSTAG SCHNELL 18 STUNDEN ZÄHLEN.**

# AUF EIN WORT MIT FISCHER STEFFEN

**WAS IST DEIN LIEBLINGSGERICHT?**
Bratfisch mit Pellkartoffeln und süßsaurer Sauce.

**WAS IST DER ANTRIEB FÜR DEINE ARBEIT?**
Für mich ist das ein Hobby.

**WAS WÜNSCHST DU DIR FÜR DIE ZUKUNFT?**
Weniger Bürokratie.

**WAS MACHT DICH GLÜCKLICH?**
Mein Leben selbst zu planen.

**WIE LANGE ÜBST DU DEINE ARBEIT SCHON AUS?**
Seit 28 Jahren.

**STEFFEN SCHNORRENBERG**
Fischer und Kapitän
**HIDDENSEER KUTTERFISCHER**

# GERÄUCHERTER BÜCKLING auf Bohnen-Hummus und gepickeltem Gemüsesalat

**GEPICKELTES GEMÜSE** | Für das gepickelte Gemüse Zucker, Essig und 250 ml Wasser in einem Topf erhitzen, bis sich der Zucker aufgelöst hat. Lorbeerblätter und Pfefferkörner dazugeben und den Fond beiseitestellen.

Gemüse waschen und putzen, dann sortenrein in Stücke schneiden, sodass dieses in die Gläser passt (5 Gläser mit je 150 ml Fassungsvermögen). Gemüse sortenrein in einem kleinen Topf mit je ⅕ des Fonds aufkochen, bissfest kochen, heiß in die Gläser füllen und das Glas schnell verschließen. So mit jeder Gemüsesorte verfahren. Übrig gebliebenes Gemüse hält sich in den Gläsern noch mindestens 14 Tage, wenn es bedeckt ist.

**WEISSE-BOHNEN-HUMMUS** | Für den Weiße-Bohnen-Hummus Bohnen abgießen und mit warmem Wasser abwaschen. Knoblauch abziehen, den inneren Trieb entfernen und den Knoblauch grob hacken. Alles in ein hohes Gefäß geben, das Rapsöl langsam einfließen lassen und mit einem Pürierstab fein mixen. Die Schale der Zitrone abreiben, den Saft auspressen und dazugeben. Alles weitermixen, bis eine cremige Konsistenz erreicht ist und mit Salz abschmecken. Den Weiße-Bohnen-Hummus mit einem Löffel kreisförmig auf Teller streichen, mit dem gewaschenen Karottengrün garnieren und mit Pfeffer bestreuen. Das gepickelte Gemüse in einer Schüssel mit dem Rapsöl und dem Salz mischen und neben dem Hummus anrichten. Bücklingsfilets vorsichtig entnehmen, auf den Hummus legen und servieren.

**GEPICKELTES GEMÜSE**

125 g Zucker
125 ml Weißweinessig
3 Lorbeerblätter
1 EL schwarze Pfefferkörner
Je 60–70 g frisches Gemüse der Saison,
5 Sorten (z.B. Blumenkohl, Radieschen, Stangensellerie, Rote Bete, rote Zwiebeln)

**WEISSE-BOHNEN-HUMMUS**

1 Dose weiße, dicke Bio-Bohnen, gekocht
1 Knoblauchzehe
100 ml mildes Rapsöl
½ unbehandelte Zitrone
1 TL Salz
1 Stängel Karottengrün zum Dekorieren
1 Msp. frisch gemahlener schwarzer Pfeffer
1 Dose geräuchertes Bücklingsfilet (z.B. Hiddenseer Kutterfischer)

**70** Minuten
**3** Personen

# SCHOLLE VOM GRILL

## mit knackigen Kapern, Petersilie, Zitrone und Mangold

Schollenfilets trocknen, auf ein Brett legen und von beiden Seiten mit 1 TL Salz und Pfeffer würzen. Filets in das grobe Paniermehl legen, wenden und etwas andrücken, damit das Paniermehl gut haften bleibt.

Rapsöl in einem kleinen Topf erhitzen. Kapern abtropfen lassen und in dem Topf anbraten, bis sie schön knusprig sind. Petersilie waschen, die Blätter vom Stängel zupfen und grob hacken. Mangold waschen und den untersten Strunk abschneiden.

Auf dem Grill die Schollenfilets anbraten. Sie sollten 4–5 Minuten auf einer Seite liegen, damit sie sich vom Grillrost lösen lassen und nicht kleben bleiben. Wenn sie fertig sind, entweder gleich servieren oder auf die Warmhalteebene legen.

Zitronen längs halbieren und auch auf den Grill legen. Die Kapern können im Topf auf der Warmhalteebene auf den Grill gestellt werden. Mangold mit den Blätter nach außen auch auf den Grill legen und anrösten lassen. Nach einigen Minuten und einmal drehen leicht mit Salz würzen und an den Rand schieben.

Schollenfilets auf Teller geben und mit reichlich knusprigen Kapern und Petersilie bestreuen. Den Mangold danebenlegen und eine halbe Zitrone ebenso. Durch das Grillen hat die Zitrone ein feines Aroma und das Innere ist ganz weich.

**ZUTATEN**

4 Schollenfilets (ca. 90 g pro Filet)
Meersalz
½ TL frisch gemahlener schwarzer Pfeffer
40 g grobes Paniermehl
1 EL Rapsöl
180 g Kapern (Abtropfgewicht)
8 Stängel glatte Petersilie
4–5 Bund bunter Mangold
2 unbehandelte Zitronen

**35** Minuten
**4** Personen

PRIMUS
Char-Broil

Wenda
50kg

# SÜSSSAUER

## Broken Sod

Die sogenannte »gebrochene Süße« ist eine tief in der norddeutschen Küche verwurzelte Besonderheit. Eine Besonderheit, die ich sehr liebe. Gerade bei der Kombination von kräftigen salzigen, süßen und sauren Aromen habe ich in anderen regionalen deutschen Küchenstilen noch nie so viel Mut erlebt wie in Norddeutschland.

Ich habe mit vielen Menschen über den Ursprung dieser Tradition gesprochen und gerätselt. Am naheliegendsten ist ein eher pragmatischer Grund. Die norddeutsche Küche ist in ihrem Ursprung eher deftig; die meisten Menschen haben hart und bei Wind und Wetter gearbeitet. Das Haltbarmachen von Lebensmitteln stand lange im Zentrum der Küchenkultur. Früchte wie Pflaumen, Äpfel und Trauben wurden getrocknet oder eingekocht, Fleisch wurde sauer eingelegt, Fisch fermentiert und getrocknet.

Suppen und Saucen wurden oft mit Zwieback gebunden. Frisch waren die Lebensmittel, wenn sie eben saisonal verfügbar waren. Heutzutage ist das natürlich nicht mehr vordergründig notwendig, aber die Liebe zu diesem Geschmack ist glücklicherweise geblieben und tief verwurzelt.

Die Gerichte in diesem Kapitel sind eine Reminiszenz an diesen Geschmack und eine Erinnerung an den Ursprung dieser Tradition, als die Tische nicht immer so reich gedeckt waren.

# SHERRY-HERINGE
## süßsauer eingelegt

**ZUTATEN**
55 g Zucker
55 ml Weißweinessig
50 ml Sherry fino
2 Lorbeerblätter
1 EL schwarze Pfefferkörner
500 g geputzte Heringsfilets

**35** Minuten
**4** Personen
**1** Glas 720 ml

**SUD** | Für den Sud Zucker, Essig, 60 ml Wasser und Sherry in einem Topf erhitzen, bis sich der Zucker aufgelöst hat. Lorbeerblätter und Pfefferkörner dazugeben und kalt stellen.

**EINLEGEN** | Entweder man kauft gleich fertig geputzte Heringsfilets oder ganze ausgenommene Heringe. Hierbei ist es dann wichtig, den Fisch zu schuppen. Am besten verwenden Sie hierfür die Rückseite eines Messers und schuppen den Fisch unter fließend kaltem Wasser. Mit einem scharfen Messer die Filets sauber vom Rückgrat herunterschneiden und mit einer Grätenpinzette die Gräten ziehen.

Die Filets mit der Hautseite nach außen ringförmig in ein Glas (ca. 720 ml) von unten nach oben einschichten und mit dem kalten Fond übergießen, sodass die Heringe bedeckt sind. Das Glas schnell verschießen und kalt stellen.

Der Fisch ist so gut 4 Wochen gekühlt haltbar.

# GEKOCHTE RIPPE

## mit Steckrüben, Rosinen und rohem Blumenkohlsalat

**GEKOCHTE RIPPE** | Für die gekochte Rippe in einem ausreichend großen Topf etwa 2 Liter Wasser aufsetzen, bzw. zum Kochen bringen. Karotte waschen und mit Schale in Scheiben schneiden, Zwiebel mit Schale waschen, halbieren und mit der Karotte in das Wasser geben. Lorbeerblätter, Piment, Zucker, Pfefferkörner und Salz dazugeben. Wenn es einmal aufgekocht hat, die Temperatur reduzieren, die Rippenstücke zugeben und bei geschlossenem Deckel etwa 2 Stunden leise kochen, bis das Fleisch weich ist. Dann das Fleisch herausnehmen, die Brühe kochend in Weckgläser füllen und für spätere Gerichte aufbewahren.

**STECKRÜBENPÜREE** | Für das Steckrübenpüree Steckrübe schälen und in mittelgroße Würfel schneiden. Zwiebel abziehen und auch in Würfel schneiden. 1–1,2 Liter Wasser mit Salz und Zucker aufsetzen und die Steckrüben- und Zwiebelwürfel darin garen. Wenn beide sehr weich sind, mit einer Schaumkelle die Würfel aus dem Wasser heben, ausdampfen lassen und in eine Schüssel geben. Rosinen in das heiße Kochwasser legen. Dann die Steckrüben mit einem Kartoffelstampfer zu einem groben Püree verarbeiten, Butter zugeben, am Ende die weichen Rosinen unterheben und mit Salz abschmecken.

**BLUMENKOHLSALAT** | Für den Blumenkohlsalat Blumenkohl in Röschen teilen, waschen und in feine Scheiben hobeln. Hierfür einen Sparschäler, Trüffelhobel oder sonstigen feinen Hobel verwenden. Den Kohl vorsichtig mit Essig und Öl mischen und mit Salz, Zucker und Pfeffer abschmecken.

Gekochte Rippe mit Steckrüben, Rosinen und rohem Blumenkohlsalat auf Tellern anrichten und servieren.

**GEKOCHTE RIPPE**
1 Karotte
1 Zwiebel
2 Lorbeerblätter
5 Pimentkörner
1 EL Zucker
1 TL schwarze Pfefferkörner
2 EL Salz
4 Rippenstücke Rind (je ca. 300g Rohgewicht)

**STECKRÜBENPÜREE**
1 Steckrübe
1 Zwiebel
2 EL Salz
1 EL Zucker
4 EL getrocknete Rosinen
40 g Süßrahmbutter

**BLUMENKOHLSALAT**
½ kleiner Blumenkohl
4 EL heller Balsamicoessig
2 EL Rapsöl
1 TL Salz
1 TL Zucker
1 Msp. frisch gemahlener schwarzer Pfeffer

**70** Minuten | **120** Garzeit | **4** Personen

# GAZPACHO
## Norddeutsche Art

Rettich schälen und klein würfeln. Saure Gurken und Salatgurke ebenfalls würfeln. Tomaten halbieren, Stielansatz entfernen und die Tomaten ebenfalls würfeln. Karottengrün waschen, von den Stängeln zupfen und hacken. Den Strunk aus dem Knoblauch nehmen und den Knoblauch grob hacken.

Alle so bearbeiteten Zutaten in einen leistungsstarken Mixer (z.B. Vitamix) geben. Rapsöl, Gemüsebrühe, Gewürzgurkenfond, Tabasco und Balsamicoessig zugeben, nicht zu fein mixen und mit Salz abschmecken.

Frühlingszwiebel waschen und schräg in Streifen schneiden. Petersilienblätter waschen, von den Stängeln zupfen und hacken. Zitronenschale abreiben, von der Rübe Tondo di Chioggia einige dünne Scheiben hobeln.

Die Suppe mit Frühlingszwiebeln, Petersilienblättern, etwas Zitronenabrieb und 2 rohen Scheiben der Rübe garnieren. Auch fermentiertes Gemüse passt hier gut als Garnierung.

**TIPP** | Servieren Sie die garnierte Suppe möglichst kalt in einem gut gekühlten Teller an einem heißen Sommertag.

**ZUTATEN**
100 g weißer Rettich
2 saure Gurken
½ Salatgurke
2 Tomaten
2 Stängel Karottengrün
½ Knoblauchzehe
30 ml Rapsöl
100 ml Gemüsefond (siehe Seite 208)
50 ml Gewürzgurkenfond
1 TL Tabasco rot
1 EL heller Balsamicoessig
1 TL Salz
1 rote Frühlingszwiebel
1 Stängel glatte Petersilie
½ unbehandelte Zitrone
½ Rübe Tondo di Chioggia

**4** Personen
**30** Minuten

# GÄNSEBRATEN
## gefüllt mit Rotkohl und Preiselbeeren

**GÄNSEBRATEN-FÜLLUNG**
3 Zwiebeln
3 Knoblauchzehen
200 g gekochte Maronen
2 Orangen
200 g getrocknete Aprikosen
100 g gemahlene Haselnüsse
1 TL Salz

**GÄNSEBRATEN**
2 Zwiebeln
3 Karotten
1 Apfel
1 Gans, Freilauf (3–4 kg)
1 TL Salz

**ROTKOHL**
1 Rotkohl (ca. 900 g)
1 rote Zwiebel
1 Knoblauchzehe
10 g Salz
10 g Zucker
10 ml Rapsöl
200 ml Gemüsefond (siehe Seite 208)
200 ml Rotwein
200 ml naturtrüber Apfelsaft
100 g Holundergelee
5 g Maisstärke
6 EL Preiselbeeren

**6** Personen
**200** Minuten | **190** Minuten Garzeit

**GÄNSEBRATEN** | Für die Gänsebraten-Füllung Zwiebeln und Knoblauch abziehen, Knoblauch halbieren, den inneren Strunk entfernen und mit den Zwiebeln würfeln. Maronen fein hacken. Orangen mit einem scharfen Messer schälen, in fingerdicke Scheiben schneiden und mit den Aprikosen würfeln. Alle Zutaten für die Füllung in einer Schüssel vermengen und beiseitestellen.

Für den Gänsebraten Zwiebeln abziehen und in grobe Würfel schneiden. Karotten und Apfel schälen und beide ebenfalls grob würfeln. Das geschnittene Gemüse auf den Boden eines ausreichend großen Gänsebräters verteilen. Die sauber geputzte und abgetrocknete Gans mit der Füllung füllen und die Öffnung mit Zahnstochern oder Schaschlikspießen aus Holz verschließen.

# GÄNSEBRATEN
## gefüllt mit Rotkohl und Preiselbeeren

Kurz unterhalb des Endes der Schenkel einen kleinen Schnitt ansetzen und die Sehnen durchtrennen, damit sich das Keulenfleisch zusammenziehen kann. Die gefüllte Gans auf der Oberfläche leicht salzen, auf das Gemüse in den Bräter setzen und bei 160 °C Umluft in den vorgeheizten Backofen geben. 200 ml Wasser in den Bräter geben. Die Gans etwa 2½ Stunden garen, bis sich die Schenkel leicht lösen. Am Ende darf gerne noch mal die Temperatur erhöht werden, je nachdem, wie knusprig man die Haut möchte. Es empfiehlt sich, während die Gans im Ofen ist, diese 2–3 mal mit der Flüssigkeit aus dem Bräter zu übergießen.

**ROTKOHL** | Für den Rotkohl Kohlkopf halbieren und den festen Strunk herausschneiden. Die Hälften noch einmal längs halbieren und dann quer dazu in feine Streifen schneiden. Zwiebel und Knoblauch abziehen, Knoblauch halbieren, den inneren Strunk entfernen, Knoblauch und Zwiebel in feine Streifen schneiden. Rotkohl, Zwiebel und Knoblauch mit Salz, Zucker und Rapsöl in eine ausreichend große Schüssel geben, vorsichtig, aber gut vermengen, dann beiseitestellen und 30 Minuten ziehen lassen.

Dann den Inhalt der Schüssel mit Brühe, Rotwein, Apfelsaft und Holundergelee in einen Topf geben und bei geschlossenem Deckel sanft kochen, bis der Kohl fast weich ist. Die Maisstärke mit wenig kaltem Wasser auflösen, bis eine halbflüssige und homogene Masse entstanden ist. Diese dann unter Rühren zum gekochten Rotkraut geben und es damit abbinden.

Wenn die Gans fertig ist, nimmt man sie einmal vorsichtig aus dem Bräter und gibt den Inhalt des Bräters mit Flüssigkeit, Gemüse und Obst in einen Mixer und mixt alles zu einer feinen Sauce. Diese noch einmal abschmecken.

Den Gänsebraten im Bräter oder auf einer Platte am Tisch servieren und wenn möglich auch dort tranchieren. Die Preiselbeeren dazu reichen. Die Füllung kann am Tisch aus der Gans herausgelöffelt und ebenfalls serviert werden. Den Rotkohl und die Sauce ebenfalls in einer Schüssel und einer Sauciere servieren. Dazu passen entweder Salzkartoffeln oder Kartoffelknödel.

**RINDERBRATEN** | Für den Rinderbraten Karotten und Pastinake schälen, längs halbieren und in etwa walnussgroße Stücke schneiden. Zwiebeln und Knoblauch abziehen, Zwiebeln vierteln und grob würfeln. Knoblauch halbieren, den mittleren Strunk herausnehmen und dann ebenfalls grob würfeln.

Das Bürgermeisterstück von allen Seiten gut mit Salz einreiben. Rapsöl in einem Schmorbräter erhitzen und dann das Fleisch von allen Seiten 3–4 Minuten anbraten. Dann Karotten, Pastinake, Zwiebeln und Knoblauch dazugeben und mit anrösten. Tomatenmark und Zucker zugeben und noch weitere 3–4 Minuten mitrösten. Dabei ab und zu umrühren. Tomaten, Rotwein und Brühe zugeben und den Braten bei geschlossenem Deckel im vorgeheizten Backofen bei Umluft 170 °C 1¾–2 Stunden schmoren. Man kann mit einer Gabel testen, wie weich das Fleisch ist. Es sollte weich sein und leicht von der Gabel oder dem Messer rutschen.

Wenn das Fleisch so weit ist, nimmt man es beiseite und schüttet die Sauce durch ein Sieb in einen Topf. Mit einem Löffel presst man den Saft, der noch im Gemüse ist, ebenfalls aus.
Die Sauce im Topf kocht nun so lange, bis sie etwa auf 300 ml reduziert ist und eine dickflüssige Konsistenz hat. Nun den Essig zugeben und noch 3–4 Minuten kochen.

**GESCHMORTER KOHL** | Für den geschmorten Kohl die äußeren Blätter vom Kohl entfernen und den Kohl der Länge nach halbieren. Rapsöl gleichmäßig über den Kohl gießen, sodass es in die Blätter hineinfließen kann. Dann gleichmäßig den Zucker und das Salz darübergeben. Den Kohl im vorgeheizten Backofen bei Umluft 220 °C für 20 Minuten backen. Die Ränder dürfen gerne etwas anrösten. Dann die Temperatur auf 100 °C reduzieren und weitere 10 Minuten backen. Das Fleisch lässt sich im kalten Zustand am besten schneiden. Man kann die Scheiben dann in der Sauce wieder erhitzen. Das Fleisch zusammen mit dem Kohl und einigen abgezupften Schnittlauchblüten servieren.

**RINDERBRATEN**
3 Karotten
1 Pastinake
2 Zwiebeln
2 Knoblauchzehen
1 Bürgermeisterstück, Salzwiesenrind (ca. 1,2 kg)
2 TL Salz
50 ml Rapsöl
2 EL Tomatenmark
1 EL Zucker
1 Dose gehackte Tomaten (400 g)
150 ml Rotwein
500 ml Fleischfond (siehe Seite 210)
50 ml dunkler Weinessig

**GESCHMORTER KOHL**
2 kleine weiche Spitzkohlköpfe
120 ml Rapsöl
2 TL Zucker
1 TL Salz

10–12 Schnittlauchblüten

**4** Personen
**105–120** Minuten

# RINDERBRATEN

vom Bürgermeisterstück mit Essigsauce,
süß geschmortem Spitzkohl und Schnittlauchblüten

**LAMMKEULE** | Lammkeule rundherum mit 2 TL Salz einreiben. Zwiebel und Knoblauch abziehen, Knoblauch halbieren und den inneren Strunk entfernen. Zwiebel und Knoblauch mittelgroß würfeln. Knollensellerie und Karotte schälen und beide gleichmäßig klein würfeln.

Rapsöl in einem Schmortopf erhitzen und die Lammkeule rundherum kräftig anbraten. Zwiebel und Knoblauch zugeben und kurz mit anbraten. Dann Sellerie und Karotten zugeben, Zucker darüberstreuen und weiter anbraten. Tomatenmark zugeben und alles gut mit einem Kochlöffel vermengen. Mit Pale Ale ablöschen und noch einmal aufkochen lassen. Rinderfond, Lorbeerblatt und Honig zugeben und alles gut vermengen. Den Topf bei 160 °C etwa 6 Stunden im Backofen bei Umluft schmoren. Dabei die Keule immer wieder wenden. Das Gefäß muss so klein und hoch sein, dass die Keule fast vollständig mit Flüssigkeit bedeckt ist. Die Keule ist gut, wenn das Fleisch am Knochen schön weich und saftig ist.

30 Minuten vor dem Ende der Garzeit wird der Rosmarin und Thymian mit in den Topf gelegt. Wenn die Lammkeule gar ist, wird sie aus dem Topf genommen und beiseitegestellt. Der übrig gebliebene Lammfond wird nun so lange gekocht, bis er leicht dickflüssig wird. Das dauert etwa 10 Minuten. Man muss dabei ab und zu kosten, damit die Sauce nicht zu salzig wird. Nun die Lammkeule wieder zurücklegen und noch einmal erwärmen.

**BOHNEN** | Bohnen waschen, die Enden abschneiden, Bohnen in etwa 1 cm lange Stücke schneiden, in sprudelnd kochendem Salzwasser bissfest kochen und dann abgießen. Zwiebel abziehen und würfeln. Süßrahmbutter im Topf schmelzen, die Zwiebelwürfel gemeinsam mit den blanchierten Bohnen etwa 5 Minuten hell anbraten und mit Salz und Zucker würzen. Das Bohnenkraut waschen, von den Stängeln zupfen und hacken. Kurz vor Ende der Bratzeit zu den Bohnen geben.

Die Lammkeule wird am besten auf einer tiefen Platte mit der Sauce serviert, die Bohnen in einer Schüssel; damit sich jeder selbst davon nehmen kann.

**LAMMKEULE**

1 Lammkeule (ca. 1,4 kg)
Salz
1 Zwiebel
2 Knoblauchzehen
½ Knollensellerie
1 Karotte
20 ml Rapsöl
1 TL Zucker
2 EL Tomatenmark
1 Flasche Pale Ale (z.B. ÜberQuell Palim Palim Pale Ale)
500 ml Fleischfond (siehe Seite 210)
1 Lorbeerblatt
2 TL flüssiger Honig
1 Zweig Rosmarin
2 Zweige Thymian

**BOHNEN**

600 g Brechbohnen
1 Zwiebel
30 g Süßrahmbutter
½ TL Salz
½ TL Zucker
1 Stängel Bohnenkraut

**4** Personen | **40** Minuten | **6** Stunden Garzeit

# LAMMKEULE

6 Stunden mit Pale Ale geschmort, Honig und Bohnengemüse

# KLASSIKER

## Tradition und neue Ideen

Der Name des Kapitels beschreibt schon etwas, worum es hier geht. Wie alle regionalen deutschen Küchen hat auch die norddeutsche Küche eine tiefe traditionelle Verwurzelung, welche noch heute in vielen klassischen Gerichten und Geschmäckern weiterlebt.

Ich habe hier versucht, die Grundidee der Gerichte aufzugreifen und ab und zu einen eigenen Gedanken oder eine andere Herangehensweise umzusetzen, ohne jedoch die Idee des Gerichtes aus dem Blick zu verlieren. Eine nicht ganz einfache Aufgabe, sind doch Klassiker oftmals über Generationen weitestgehend unverändert weitergegebene Gerichte.

Dennoch, die Geschichte zeigt ja auch, dass sich Küchen aus ihrer klassischen Basis immer wieder weiterentwickeln und verändert haben, und ich finde das genau richtig so.

Es ist auch nicht immer das Gericht selbst, das verändert wurde, eher die Kombinationen, der Kontext. Das Labskaus kommt »to go« in die Tasche, die Kartoffelschale ist ein knuspriger Begleiter zum Schnüüsch, und mein Lieblingsgericht. Schwarzsauer kommt in »Kumpir«-Manier mit dem Korn einer jungen norddeutschen Brennerei auf den Tisch. (Kumpir ist ein Gericht aus mehligen Backkartofeln.)

Besucht haben wir das nordfriesische Lammkontor, und die Lämmer auf den reichen Vorland-Salzwiesen bei Husum. Die Lämmer und Rinder, welche hier mit viel Platz inmitten dieser kräftigen Deichwiesen leben, sind einfach eine herausragende Delikatesse und ein Gegenmodell zu unbedachtem Fleischkonsum und Massentierhaltung.

**LABSKAUS** | Für das Labskaus Rindfleisch und Schweinebauch am besten bei Ihrem Metzger des Vertrauens vorbestellen. Die beiden Fleischteile in einem Topf mit etwa 3,5 Liter Wasser, Salz, der halbierten Zwiebel mit Schale, der geschälten Karotte, dem geschälten Knollensellerie, Lorbeer und Gewürznelken gut 2½ Stunden köcheln lassen, bis das Fleisch weich ist. Das Fleisch kalt stellen und die Brühe (bis auf 150 ml) kochend in Weckgläser füllen und für spätere Rezepte beiseitestellen. Kartoffeln im Wasser kochen, bis sie weich sind. Dann die Kartoffeln pellen, noch heiß durch eine Spätzlepresse drücken und beiseitestellen.

Rote Bete und Gurken würfeln. Einen Mixer bzw. Blender mit mindestens zwei Litern Fassungsvermögen bereitstellen. Zuerst die weicheren Zutaten hineingeben, also Rote Bete und saure Gurken, Gurkensud, Rinderbrühe, Worcestersauce, Tabasco, Zitronensaft und Salz. Zum Schluss das grob gewürfelte Fleisch in den Mixer geben. Dann vorsichtig mit der Pulse-Funktion den Inhalt zu einer homogenen Masse mixen. (Pulse, immer wieder für ein oder zwei Sekunden den Mixer anstellen und dann wieder aus. Bei vielen Geräten gib es für dieses kurze Anstellen eine Pulse-Taste).

**TOPPING** | Für das Topping Eier mit Salz und Pfeffer in einer Schüssel mit einer Gabel leicht vermischen, dann in vier Ringen, welche etwa den Durchmesser des Glases haben, gleichmäßig verteilen und in einer Pfanne mit Rapsöl 2–3 Minuten braten. Danach im Backofen bei 160 °C Umluft etwa 15 Minuten fertig backen. Die Eier mit einem Messer vorsichtig aus den Ringen lösen.

Gurken und Matjesfilets fein würfeln. Dill von den Stängeln zupfen und alles zu einem Tatar vermengen.

Angerichtet wird es, indem zuerst bis ungefähr zur Hälfte des Glases das Labskaus eingefüllt, dann das Ei in das Glas gelegt und am Ende das Tatar hineingeben wird.

**LABSKAUS**
200 g gepökeltes Rindfleisch
200 g gekochter Schweinebauch
35 g Salz
1 Zwiebel
1 Karotte
70 g Knollensellerie
1 Lorbeerblatt
2 Gewürznelken
400 g Kartoffeln
300 g gekochte Rote Bete
100 g saure Gurken
100 ml Gurkensud
150 ml Fleischfond (siehe Seite 210)
2 EL Worcestersauce
1 EL Tabasco
Saft von ½ unbehandelten Zitrone
2 TL Salz

**TOPPING**
8 Eier (Größe L)
1 EL Salz
½ EL frisch gemahlener schwarzer Pfeffer
3 EL Rapsöl
4 große saure Gurken
4 Matjesfilets
2 Stängel Dill

**4** Gläser à 580 ml
**120** Minuten | **150** Minuten Kochzeit

# LABSKAUS
## To Go

# SCHNÜÜSCH
## mit getrockneter Kartoffelschale

Kartoffeln mit Schale gründlich waschen und in Salzwasser für etwa 20 Minuten kochen, bis sie wachsweich sind. Herausnehmen und auskühlen lassen. Wenn sie etwas abgekühlt sind, vorsichtig mit einem Messer die Schale abpellen. Hierbei darauf achten, dass die Stücke nicht zu klein sind und evtl. Kartoffelreste mit dem Messerrücken abgeschabt werden.

Schalen leicht salzen und auf einem Backpapier für 2 Stunden bei 70 °C im Backofen bei Umluft trocknen. Das gesamte Gemüse waschen, Karotten, Mairüben und Tondo-di-Chioggia-Rüben schälen und in Scheiben bzw. Spalten schneiden.

Den halben Blumenkohl in kleinere Röschen zerteilen und beiseitestellen. Von den Bohnen beide Enden abschneiden. Etwa 3 Liter Salzwasser zum Kochen bringen, Zucker und Lorbeerblatt zugeben. Das geschnittene Gemüse zufügen, etwa 10 Minuten bissfest kochen, herausnehmen und in einer Schüssel beiseitestellen.

Aus Mehl und weicher Süßrahmbutter eine homogene Masse herstellen. Etwa 400 ml des Gemüse-Kochwassers aufkochen und mit der Mehlbutter abbinden, bis eine sämige Sauce entstanden ist. Mit Muskatnuss und Pfeffer abschmecken. Das Gemüse unter die Sauce mischen und mit den getrockneten Kartoffelschalen garnieren.

**ZUTATEN**

6 junge Kartoffeln
Salz
4 Karotten
4 Mairüben
2 Rüben Tondo di Chioggia
½ Blumenkohl
200 g Brechbohnen
1 TL Zucker
1 Lorbeerblatt
4 EL Weizenmehl Type 405
4 EL Süßrahmbutter
1 Msp. geriebene Muskatnuss
1 Msp. frisch gemahlener schwarzer Pfeffer

**4** Personen
**60** Minuten
plus **90** Minuten zum Trocknen der Schalen

# SCHWARZSAUER baked potato

**ZUTATEN**

4 große festkochende Kartoffeln
2 Scheiben Schweinenacken (je ca. 150 g)
2 EL Schweineschmalz
1 mittelgroße Zwiebel, gewürfelt
2 Blutwürste zum Braten (je ca. 400 g)
5 EL dunkler Balsamicoessig
2 EL Zuckerrübensirup
2 Msp. Salz
4 EL Sauerrahm

**4** Personen
**60** Minuten

Einen Topf mit ausreichend Wasser und den Kartoffeln aufstellen und die Kartoffeln mit Schale kochen. Schweinenacken möglichst klein würfeln und mit dem Schweineschmalz etwa 4 Minuten anbraten. Zwiebel zugeben und weitere 2 Minuten anbraten. Blutwürste von ihrer Haut befreien und etwa 3 Minuten mitbraten, bis sich alles zu einer Masse verbunden hat. Dann mit Balsamicoessig ablöschen und Zuckerrübensirup dazugeben. Alles mischen und mit Salz abschmecken.

Die weich gekochten Kartoffeln in der Mitte längs mit einem Messer bis zur Hälfte aufschneiden und aufklappen. In den Spalt das »Schwarzsauer« geben und mit Sauerrahm garnieren.

Heiß servieren und mit einem geeisten Korn genießen.

# NORDFRIESISCHES Lammkontor

## Sönke Magnus Müller, Nordfriesisches Lammkontor, Husum

Ein Weltbürger findet seine Bestimmung. Ich kenne das außergewöhnliche Lammfleisch des nordfriesischen Lammkontors schon lange, besonders aus der Spitzengastronomie der Hauptstadt.

Umso mehr habe ich mich gefreut, Sönke durch dieses Buch noch besser kennenzulernen. Sönke hat einen ebenso verrückten wie beeindruckenden Lebenslauf im Rucksack. Als gelernter Bauhistoriker hat er in Rom, Paris und Florenz studiert, hat in New York und Venedig gearbeitet, in Berlin gelebt und ist nun wieder zurück in Husum. Das wunderschöne Backsteinhaus einer ehemaligen Brauerei, das Sönke mit viel Gespür für Details und besondere Stücke nach und nach wieder zu einem prachtvollen Haus mit Gästezimmern und Restaurant verwandelt hat, war früher Teil des elterlichen Familienbesitzes.

Dank Sönke erhält man im »Nordfriesischen Lammkontor« das vielleicht beste Lammfleisch in Deutschland. Saftig und würzig, mager und fein im Geschmack. Die Texel-Lämmer weiden hier auf den Vorland-Salzwiesen und Deichen bis hin zum Wasser. Das Fleisch hat zwar Bio-Qualität, nur kein Bio-Siegel. Ich glaube, Sönke setzt sowieso mehr auf artgerechte Haltung und Qualität als auf Stempel. Im Lammkontor gibt es nicht nur Rücken und Filet, sondern auch die besonderen Teile vom Lamm, die Leber, die Rippen und Haxen, aber auch Bratwürste, Salami und Schinken. Selbst geräuchert versteht sich. Und nicht zu vergessen das gleiche konsequente Prinzip, welches Sönke mit den Lämmern umgesetzt hat, verfolgt er nun auch mit Rindern. Erste Verkostungen lassen uns freuen!

»Das Essen muss gut sein«! und »Es ist doch nicht zu ertragen, was die Menschen sich mit diesem schlechten Supermarktfleisch antun«, sind Sätze wie sie mir im Kopf geblieben sind aus den Gesprächen mit Sönke.

Der Unterschied ist nicht nur im Geschmack enorm spürbar, es ist auch einfach ein gutes Gefühl, diese ursprünglichen und durchdachten Kreisläufe zu unterstützen.

Ich habe hier eine Variante des Lammrückens vom Grill mit Fichtenzweigen und einem leckeren Bohnensalat gewählt. Das Fleisch ist unglaublich würzig und lecker, dabei zart und charakterstark. Auch das Fleisch des Rinderbratens in diesem Buch ist vom nordfriesischen Lammkontor.

NORDFRIESISCHES LAMMKONTOR®
HOFLADEN

**SÖNKE MAGNUS MÜLLER,** Inhaber Nordfriesisches Lammkontor, Husum,
**LAMMKONTOR**

# AUF EIN WORT MIT SÖNKE MAGNUS

**WAS IST DEIN LIEBLINGSGERICHT?**
Gibt's nicht, alles was gut und pur ist.

**WAS IST DER ANTRIEB FÜR DEINE ARBEIT?**
Gutes Essen.

**WAS WÜNSCHST DU DIR FÜR DIE ZUKUNFT?**
Dass gutes Essen endlich normal wird.
Weniger Arbeit.

**WAS MACHT DICH GLÜCKLICH?**
Ich genieße es, dass mein Konzept, die Idee und Vision, die ich seit so vielen Jahren verfolge, rund und stimmig wird.

**WIE LANGE ÜBST DU DEINE ARBEIT SCHON AUS?**
Das Projekt Nordfriesisches Lammkontor seit 2013.

# SALZWIESENLAMMRÜCKEN
## gegrillt im Fichtenbett mit Bohnensalat

**SALZWIESENLAMMRÜCKEN** | Für den gegrillten Salzwiesenlammrücken Knoblauch in grobe Scheiben schneiden. Lammrücken von allen Seiten salzen und auf dem Grill von beiden Seiten je 5 Minuten grillen. Dann das Lamm in einen kleinen Bräter geben und pfeffern. Unter und auf das Lamm Fichtenzweige und Knoblauch geben. Die Grilltemperatur auf etwa 150 °C regulieren und das Lamm bei geschlossenem Deckel 18–20 Minuten garen. Nach dem Garen muss das Lamm noch mindestens 3 Minuten ruhen, bevor es angeschnitten werden kann.

**BOHNENSALAT** | Für den Bohnensalat einen Topf mit etwa 1 Liter Salzwasser zum Kochen bringen. Breite Bohnen waschen, die Enden abschneiden, Bohnen in etwa 1 cm lange Stücke schneiden und in sprudelndem Salzwasser 8–10 Minuten weich kochen. Bohnen in einem Sieb abgießen, in Eiswasser etwa 2 Minuten abschrecken, abtropfen lassen, leicht trocken tupfen und beiseitestellen.

Zwiebel abziehen und in feine Ringe schneiden. Die gekochten weißen Bohnen und die gekochten breiten Bohnen in eine Schüssel geben und mit Zwiebelringen, Rapsöl, Essig, Blütenhonig und etwas Meersalz gut vermengen.

Der Salzwiesenlammrücken kann entlang der Knochen in Scheiben geschnitten werden und in dem Bräter mit den Fichtennadeln serviert werden. Den Bohnensalat in eine Anrichteschale geben und mit auf den Tisch stellen.

**SALZWIESENLAMMRÜCKEN**
½ junger Knoblauch
1 Salzwiesenlammrücken (ca. 600 g)
1 TL Meersalz
1 Msp. frisch gemahlener schwarzer Pfeffer
8–10 Fichtenzweige

**BOHNENSALAT**
180 g breite Bohnen
Meersalz
1 kleine rote Zwiebel
150 g dicke weiße Bohnen, gekocht
20 ml Rapsöl
15 ml heller Balsamicoessig
1 TL Blütenhonig

**2** Personen
**60** Minuten

**MOULES FRITES** | Für die Moules Frites Miesmuscheln gut waschen, die geöffneten oder beschädigten aussortieren und ggf. Bärte beseitigen. Zwiebeln und Knoblauch abziehen und grob würfeln. Bei dem Knoblauch den inneren Strunk vorher herausnehmen.

Karotten schälen und klein würfeln. Fenchel erst in Streifen schneiden und dann würfeln. In einem Topf Butter und Öl heiß werden lassen. Zwiebeln und Knoblauch mit dem gewürfelten Gemüse zugeben und kurz anbraten. Dann Muscheln zugeben und den Deckel auf den Topf setzen. Die Muscheln im Topf bei hoher Temperatur 1 Minute kochen lassen. Dann den Weißwein in den Topf geben und weitere 5 Minuten mit geschlossenem Deckel kochen lassen. Mit etwas Salz abschmecken und den Topf beiseitestellen.

Von der gewaschenen Petersilie die Blätter abzupfen und grob hacken. In einem kleinen Topf das Rapsöl auf 170 °C erhitzen. Die Kartoffeln mit Schale waschen, trocken tupfen und in lange etwa 0,5 cm dicke Stifte schneiden. Die Kartoffelstifte vorsichtig mit einer Schaumkelle in den Topf geben und etwa 5–8 Minuten goldgelb und knusprig frittieren. Es empfiehlt sich nicht zu viele Kartoffelstifte gleichzeitig zu frittieren, sondern in 2–3 Durchgängen. Die anderen Kartoffelstifte können so lange auf einem Küchenpapier im Ofen bei 150 °C Umluft warm gehalten werden. Am Ende die Kartoffelstifte in einer Schüssel mit Salz und Paprikapulver durchschwenken.

**SCHNELLE AIOLI** | Für die schnelle Aioli Milch in ein schmales, hohes Gefäß geben. Knoblauch, Salz und Zitronensaft ebenfalls dazugeben. Alles einmal mit einem Pürierstab durchmixen. Nun das Rapsöl in einem dünnen Strahl untermixen, bis eine cremige Konsistenz entsteht.

Die Muscheln mit der gehackten Petersilie bestreuen und auf einem Teller oder in einem passendem Gefäß anrichten, die gebackenen Kartoffeln auf einem Backpapier auf dem gleichen Teller oder Gefäß anrichten. Die Aioli in eine Schüssel geben, ggf. mit etwas Petersilie oder Paprikapulver bestreuen und zu den Muscheln mit den frittierten Kartoffeln servieren.

**MOULES FRITES**
600 g frische Miesmuscheln
2 kleine Zwiebeln
2 Knoblauchzehen
2 Karotten
½ Fenchel
10 g Süßrahmbutter
20 ml Rapsöl
50 ml Weißwein
1 TL Salz
2 Stängel glatte Petersilie
1 l Rapsöl
6 festkochende Kartoffeln
½ TL Paprikapulver

**SCHNELLE AIOLI**
50 ml Vollmilch
½ Knoblauchzehe
1 Msp. Salz
1 Spritzer Zitronensaft (unbehandelte Zitrone)
125 ml Rapsöl

**4** Personen
**50** Minuten

# MOULES FRITES

## Norddeutsch mit schneller Aioli

# MECKLENBURGER Moorbauer

**Lutz Bornhöft, Koch und Wirt, Der Moorbauer, Kummerower See**

Dieser Ort bleibt unvergessen. Es gibt sie diese besonderen Gastronomien, bei denen der Weg schon ein Teil des Erlebnisses ist. Der »Moorbauer« ist sicherlich so ein Ort. Ein kleiner Weg führt zur Anlegestelle am Peene-Kanal, eine Schifffahrtsstraße, welche den Kummerower- mit dem Malchiner See verbindet. Mit dem Boot oder einem Tretboot in Schwanenform kann man nun übersetzen. Die Fahrt ist kurz, keine 3 Minuten, und schon taucht der »Moorbauer« direkt am Wasser auf. Der Ort und die Natur ringsherum sind atemberaubend. Lokale Fischer fangen hier vor allen Dingen Forellen, Saiblinge und Hechte.

Lutz steht am Anleger und begrüßt uns mit einem Grinsen. Tatsächlich ist Lutz ein Gastronom mit viel Erfahrung. Zwischenzeitlich betrieb er drei erfolgreiche Gastronomien in Hamburg. Dann kam der Umschwung. »Das ist einfach kein Job für die Ewigkeit, irgendwann musste ich einfach mal durchatmen und mich neu ausrichten.« Und Lutz hörte auf diese innere Stimme und hatte den Mut nun kulinarische Projekte zu realisieren, bei denen vor allen Dingen der Mensch im Mittelpunkt steht. »Cook up« war so ein Projekt. Mitten im Schanzenviertel kochen hier jeden Monat neue Teams, neue Köche. Es ist eine Bühne, eine experimentelle Restaurantgalerie. Jedes Team kann hier einen Monat seinen eigenen kulinarischen und gastronomischen Traum umsetzen. Danach ist ein neues Team dran. Lutz begleitet diese vielen kleinen »Neugründungen«, ist Mentor, Ideengeber und stolz darauf, dass viele dieser Projekte in tatsächliche Neugründungen gemündet sind. Das Straßenmagazin »Hinz und Kunz« hat hier auch ein Pop-up gegründet, die KunzKüche. Obdachlosen Menschen eine Perspektive bieten und gleichzeitig über gutes Essen mit den Menschen in Kontakt kommen war hier der Fokus. Sogar ein eigenes Kochbuch ist hieraus entstanden. Auch Projekte wie »Chickpeace« sind eine Herzenssache für Lutz. Hier kochen geflüchtete Frauen in einem eigenen Cateringunternehmen und können so kulturellen Anschluss finden, ihre Heimatküche mit einbringen und langsam in dieser Gesellschaft Fuß fassen.

Und der »Moorbauer«? »Als ich das erste Mal hier war, habe ich den Mund nicht mehr zu bekommen«, sagt Lutz. Mir ging es ganz genauso. Die Entscheidung im »Moorbauer« für erst mal eine Saison Gastgeber zu sein, war schnell gefallen. Drei Freunde helfen ihm dabei, es wird probegekocht, gesägt, gestrichen und gebaut.

Jedes vorbeifahrende Schiff grüßt, viele rufen rüber. Die Menschen hier freuen sich, dass es hier bald weitergeht, schließlich stand der »Moorbauer« einige Zeit leer. Dieser Ort verbindet so viele schöne Aspekte, die Aussicht und Lage, das Wasser, die tolle regionale Küche und Lutz als Vollblutgastgeber.
Auf ins Boot.

**NUR ÜBER DEN WASSERWEG ERREICHT MAN DAS RESTAURANT MOORBAUER. TRETBOOT-SCHWÄNE STEHEN ZUR ÜBERFAHRT BEREIT.**

**LUTZ BORNHÖFT,** Koch und Wirt, **DER MOORBAUER**

# AUF EIN WORT MIT LUTZ BORNHÖFT

**WAS IST DEIN LIEBLINGSGERICHT?**
Gibt bestimmt zehn. Meine Henkersmahlzeit wäre ein Gericht meiner Oma: »Kalbszungenragout in Madeira-sauce mit Champignons und Kartoffelpüree«.

**WAS IST DER ANTRIEB FÜR DEINE ARBEIT?**
Essen, Appetit und die kreative Seite von beidem.

**WAS WÜNSCHST DU DIR FÜR DIE ZUKUNFT?**
Mehr für mich zu machen.

**WAS MACHT DICH GLÜCKLICH?**
Harmonie.

**WIE LANGE ÜBST DU DEINE ARBEIT SCHON AUS?**
Seit 1994.

# BACHSAIBLING en papillote mit buntem Kartoffelsalat

**KARTOFFELSALAT** | Für den Kartoffelsalat Kartoffeln mit Schale in sprudelndem Wasser weich kochen. Zwiebel abziehen, halbieren und in feine Streifen schneiden. Senfkörner mit Brühe in einem kleinen Topf aufkochen, so lange kochen, bis fast keine Flüssigkeit mehr vorhanden ist, und dann beiseitestellen. Die Kartoffeln pellen, würfeln und in eine Schüssel geben. Rapsöl, Weißweinessig, Senf und Zwiebel ebenfalls in die Schüssel geben. Alles gut vermengen und beiseitestellen.

Radieschen und Römersalat waschen und in Scheiben bzw. Streifen schneiden. Radieschen- und Blutampferblätter waschen. Dillspitzen abzupfen und Schnittlauch fein schneiden. Den Kartoffelsalat mit den Römersalatblättern mischen und mit den Radieschen, den Senfkörnern und den Kräutern garnieren.

**BACHSAIBLING** | Ausgenommene Bachsaiblinge rundherum mit Rapsöl einreiben und dann von außen und im Bauchraum mit Salz einreiben. Zitrone mit Schale in Scheiben schneiden, den jungen Knoblauch ebenso mit Schale in Scheiben schneiden. Diese zusammen mit den Thymianzweigen in den Bauch der Saiblinge legen.

Aus den Backpapierbögen kleine, längliche Tüten falten und an den Enden mit einem Tacker fixieren. Saiblinge an einer geöffneten Stelle hineingeben und dann komplett verschließen. Die Päckchen im vorgeheizten Backofen bei 160 °C Umluft etwa 18 Minuten backen. Zum Servieren Päckchen öffnen und den Fisch herausnehmen. Die Haut vorsichtig entfernen und das noch saftige Fleisch mit dem Kartoffelsalat genießen.

**KARTOFFELSALAT**
700–800 g Kartoffeln »Blauer Schwede«
1 kleine Zwiebel
4 EL Senfkörner
70 ml Gemüsefond (siehe Seite 208)
30 ml Rapsöl
3 EL Weißweinessig
2 EL mittelscharfer Senf
4 Radieschen
½ Römersalat
8 Radieschenblätter
8 Blutampferblätter
2 Stängel Dill
8 Stängel Schnittlauch

**BACHSAIBLINGE**
2 Bachsaiblinge (ca. 600 g)
2 EL Rapsöl
2 TL knuspriges Meersalz, z.B. Maldon Salz
1 unbehandelte Zitrone
1 junger Knoblauch
6 Zweige Thymian
2 Backpapierbögen

**4** Personen
**70** Minuten

# KÜSTENGARTEN

## Gemüse und Salate

Man kann Norddeutschland tatsächlich als Gemüsegarten verstehen. Die Vielfalt ist hier so enorm und abwechslungsreich wie kaum anderswo in Deutschland. Das hat viel mit den geographischen und klimatischen Gegebenheiten zu tun. Küstengebiete, Salzwiesen, Moorgebiete und trocken gelegtes Moor. Bis weit ins Hinterland fruchtbare Böden.

Deutschlands größtes Spargelanbaugebiet liegt in der Lüneburger Heide. Die Salzwiesen stehen in der Saison voller Wermuth, Queller und Strandastern. Große Bekanntheit haben natürlich die Obstwiesen; Steinobst, Äpfel und Birnen wachsen hier in einer einmaligen Pracht.

Traditionell wird in Norddeutschland viel Kohl- und Wurzelgemüse verarbeitet, all die Beten, der knackige Grünkohl und Steckrüben. Auch Gurken, Pilze und Kürbis wachsen hier prächtig. Im November tupfen reife Hagebutten und Quitten noch mal Farbe ins Land.

Ich habe in diesem Kapitel Eckardt Brandt besucht, den wohl bekanntesten Apfelbauer und Hüter alter Sorten im Alten Land. Und ich war bei Olaf Schnelle, ein Freund und Gärtner, welcher sich auf eine einzigartige Weise auf das Fermentieren der eigenen Gemüse spezialisiert hat und ein Spezialist in Sachen Wildkräuter und ganzheitlicher Agrarwirtschaft ist.

Für mich ist das Besondere an den Gerichten in diesem Kapitel, wie schön man kochen kann, wenn die Produkte so echt, so knackig und frisch sind, da braucht man wenig drum herum. Norddeutsch eben.

# KOPFSALAT
## mit friesischem Sahnedressing

**KOPFSALAT** | Kopfsalate vom Strunk befreien, damit man die Blätter einzeln entnehmen kann. Blätter gut waschen, und die größeren noch einmal auf die Größe der inneren Blätter zupfen. Alle Blätter gut trocknen, am besten in einer Salatschleuder. Die Blätter von außen nach innen in Blütenform auf Teller legen.

Schnittlauch waschen und fein schneiden. Von der Zitrone mit einer Reibe zuerst die Schale abreiben und dann den Saft auspressen.

**SAHNEDRESSING** | In einem schmalen, hohen Gefäß Zitronensaft, Zitronenabrieb, Salz, Senf und Zucker mit dem Pürierstab mixen. Im Anschluss die Sahne einfließen lassen und weitermixen, bis die Sahne verbraucht ist.

Das Dressing über den auf den Tellern angerichteten Salat geben, mit dem Schnittlauch bestreuen und servieren.

**ZUTATEN**
2 mittelgroße Kopfsalate
1 Bund Schnittlauch
1 unbehandelte Zitrone
2 Msp. Salz
2 Msp. mittelscharfer Senf
1 TL Zucker
150 g Schlagsahne

**4** Personen
**20** Minuten

# GRÜNKOHL

## geschmort mit Walnüssen und jungen Butterkartoffeln

Kartoffeln in ausreichend gesalzenem Wasser zum Kochen aufstellen. Grünkohl abzupfen, von den harten Stielen befreien, die Blätter grob zupfen und waschen. Zwiebel abziehen, vierteln, in feine Streifen schneiden und in einem hohen Topf im Rapsöl leicht anbraten.

Knoblauch abziehen, halbieren und den inneren Trieb herauslösen. Die beiden Hälften grob hacken, zu der Zwiebel geben und mitbraten, bis beide eine goldgelbe Farbe bekommen. Den gezupften Grünkohl in den Topf geben.

Die Peperoni der Länge nach halbieren, das Kerngehäuse entfernen, Peperoni in Streifen schneiden und zum Grünkohl geben. Nach 5 Minuten Köcheln und gelegentlichem Umrühren die Gemüsebrühe zugeben. Mit geschlossenem Deckel und bei geringer Temperatur etwa 10 Minuten weiterkochen und mit Pfeffer und Muskatnuss abschmecken.

Wenn die Kartoffeln wachsweich gekocht sind, diese kalt abspülen und die Haut abziehen. Petersilienblätter waschen, von den Stängeln zupfen und grob hacken. Süßrahmbutter (etwas zurückhalten für die Walnüsse) in einer Pfanne schmelzen lassen, die Kartoffeln darin goldbraun anbraten und etwas salzen.

Walnüsse in einer Pfanne mit der restlichen Süßrahmbutter und Zucker leicht karamellisieren.

Die Kartoffeln kurz vor dem Servieren mit der Petersilie bestreuen und die karamellisierten Walnüsse über den Grünkohl geben.

**ZUTATEN**

16 junge festkochende Kartoffeln
Salz
1,2 kg frischer Grünkohl
1 rote Zwiebel
20 ml Rapsöl
2 Knoblauchzehen
2 grüne Peperoni
50 ml Gemüsefond (siehe Seite 208)
2 Msp. frisch gemahlener schwarzer Pfeffer
1 Msp. geriebene Muskatnuss
2 Stängel glatte Petersilie
50 g Süßrahmbutter
200 g Walnusskerne
1 TL Zucker

**4** Personen
**45** Minuten

# SPARGEL
## mit Holländischer Sauce, Butterkartoffeln und Heide-Katenschinken von Basedahl

**HOLLÄNDISCHE SAUCE** | Butter in einem kleinen Topf vollständig schmelzen und beiseitestellen, bis sie Zimmertemperatur hat. Kartoffeln mit Schale in Salzwasser etwa 20 Minuten kochen. In einem kleinen Topf Balsamicoessig, Zitronensaft, Pfefferkörner und Pimentkorn erhitzen und bis auf die Hälfte der Flüssigkeit herunterkochen lassen. Sud durch ein Sieb gießen.

Eigelb in einer Schüssel oder einem Anschlagkessel über einem heißen Wasserbad zusammen mit dem reduzierten Essigsud schaumig aufschlagen. Salz hinzugeben. Nun unter Rühren langsam die flüssige Butter (es sollte etwas Butter für die Kartoffeln übrig bleiben) unter das schaumige Eigelb laufen lassen. Wichtig ist, dass die Butter und der Eischaum in etwa die gleiche Temperatur haben. Die Sauce sollte eine glänzende und dickflüssige Konsistenz haben.

Spargelstangen in den unteren beiden Dritteln schälen und unten das letzte Ende abschneiden. Einen großen Topf mit ausreichend Wasser, Zucker und Salz zum Kochen bringen. Die Spargelstangen 5 Minuten kochen, dann herausnehmen und mit einem feuchten Tuch heiß abdecken um sie, bis die restlichen Zutaten fertig sind, frisch und heiß zu halten.

Die Holländische Sauce über dem Wasserbad noch einmal aufschlagen, die Kartoffeln pellen, in der übrigen Butter schwenken und erwärmen. Schinken kalt und dünn aufgeschnitten dazu servieren. Eine Scheibe wird in Norddeutschland gerne eher dick geschnitten und dazu serviert.

**ZUTATEN**

80 g Süßrahmbutter
12 junge Kartoffeln
20 ml heller Balsamicoessig
Saft von ½ Zitrone
1 TL dunkle Pfefferkörner
1 Pimentkorn
2 Eigelb (Größe L)
1 Msp. Salz
20 Stangen Spargel
50 g Zucker
50 g Salz
250 g Katenschinken (z.B. von Basedahl)

**4** Personen
**90** Minuten

# SCHMORGURKEN mit Dill und Mehlklößen

**MEHLKLÖSSE** | Für die Mehlklöße in einer Schüssel das Mehl, Butter, Zucker, Eier, abgeriebene Zitronenschale, Trockenhefe, Gemüsebrühe und Salz mit Hilfe eines Rührhakens zu einem homogenen Teig mischen. Den Teig etwa 30 Minuten an einem warmen Ort abgedeckt gehen lassen.

Danach den Teig noch einmal durchkneten und in zwei längliche »Kuchen« formen. Diese in je ein Küchentuch rollen und an den Enden mit einer Schnur so abbinden, dass der Teig noch etwas Platz zum Wachsen hat. Dann die Tücher mit dem Teig mit den Enden je an einen Kochlöffel binden und diesen so über einen Topf mit heißem Wasser legen, dass die Klöße komplett im Wasser liegen und so für 1 ½ Stunden garen können.
Danach den Teig auswickeln und in Scheiben schneiden. Wer möchte, kann diese auch noch in Butter anbraten. Wenn ein paar Mehlklöße übrig bleiben, kann man diese gut aufbewahren und z.B. morgens getoastet mit Marmelade essen.

**SCHMORGURKEN** | Für die Schmorgurken Gurken schälen und der Länge nach halbieren. Das Kerngehäuse mit einem Löffel herauskratzen und in einer Schüssel beiseitestellen. Zwiebel und Knoblauch abziehen, Knoblauch halbieren und den inneren Strunk herausnehmen. Zwiebel und Knoblauch fein hacken. In einem kleinen Topf 40 ml Rapsöl erhitzen und Zwiebel und Knoblauch darin 2 Minuten anschwitzen. Cointreau, Salz, 3 EL Wasser und das Kerngehäuse der Gurken dazugeben, alles einmal aufkochen lassen und sehr fein und homogen mixen. Dill waschen, abzupfen und hacken.
Die halben Gurken in etwa 0,5 cm breite Streifen schneiden und in dem restlichen Rapsöl farblos etwa 5 Minuten anschwitzen. Dann mit dem Gurkenfond aufgießen und noch einmal aufkochen lassen. Die Schmorgurken zusammen mit den heißen Mehlklößen servieren. Kurz vor dem Servieren kräftig mit Dill bestreuen.

**MEHLKLÖSSE**
350 g Weizenmehl Type 405
70 g weiche Süßrahmbutter
10 g Zucker
2 Eier (Größe L)
Schale von 1 unbehandelten Zitrone
1 Päckchen Trockenhefe (ausreichend für 500 g Mehl)
100 ml Gemüsefond (siehe Seite 208)
1 Msp. Salz

**SCHMORGURKEN**
2 große Salatgurken
1 Zwiebel
1 Knoblauchzehe
60 ml Rapsöl
1 EL Cointreau
1 TL Salz
3 Stängel Dill

**6** Personen | **20** Minuten | **90** Minuten Garzeit

# APFELHOF Boomgarten

**Eckart Brandt, Apfelbauer, Boomgarten im Alten Land, Schleswig Holstein**

Der Boomgarten ist eine Rettungsinsel für alte Apfelsorten. Unser Besuch bei Eckart und seiner Frau Judith hat uns ins Staunen versetzt und beeindruckt. Aber von vorne: Eckart Brandt ist tatsächlich eine überregional bekannte Persönlichkeit, ein vehementer Verfechter für den Erhalt und das Kultivieren alter Apfel- und Obstsorten. Doch bei Eckart geht diese Leidenschaft noch sehr viel weiter.

Was steckt hinter dem Satz »Erhalt alter Sorten«? Für Eckart geht es hier um den Erhalt von Kulturgütern, das Bewahren von genetischen Ressourcen. Das Fachwissen, mit dem er und seine Frau hier in die Themen einsteigen, ist beeindruckend. Und er hat recht, geht man heute über den Wochenmarkt, begegnen einem vielleicht 10 verschiedene Apfelsorten. Weltweit waren bis zu 10 000 verschiedene Apfelsorten bekannt, allein in Norddeutschland gab es in den 1940er Jahren noch über 200 verschiedene Sorten. Doch schon auf dem Weg zum Boomgarten in Helmste fallen uns die wie an einer Schnur gezogenen Monokultur-Obstwiesen auf. Gemähtes Gras und Sprühanlagen. Bei Eckart hingegen gibt es auf jedem Zentimeter etwas Neues zu entdecken. Hat man gerade den Löwenzahn erkannt, erzählt er wie wichtig es ist, bei den Wiesenblumen darauf zu achten, wann sie blühen, damit die Bienen auch immer wieder etwas zu naschen finden.
Natürlich steht in der Mitte des Gartens ein Holzmagazin mit vier Bienenvölkern. Sie wohnen in Strohkörben, eine Grundlage für wesensgemäße Bienenhaltung. Und auch ein altes Wissen. Judith berichtet über die Pläne. Es wird ein natürlicher Ofen gebaut, um eigene Holzkohle herzustellen, welche wiederum als Dünger verwendet wird. Auch ein Hofladen auf dem Boomgarten Park in Helmste ist geplant.

Eckart ist ein bescheidener Pionier. Die Aufmerksamkeit, die ihm dennoch zuteilwird, zeigt wie wichtig und aktuell diese Themen und Denkansätze sind. Heute mehr denn je.
Eckart hat bereits 6 Bücher veröffentlicht und wurde als Botschafter auf die Expo nach Mailand geladen. Ich bin mir sicher, dass es ihm mehr Spaß macht, seinen Zettel mit den Standorten der über 200 Apfelsorten aus der Brusttasche seines Blaumanns zu ziehen und zu sehen, wie es ihnen geht und wo geschnitten werden muss. Dazu kommen Birnen-, Kirschen-, Pflaumen- und Quittenbäume.

Eckart ist ein wandelndes Gegenmodell zur konventionellen und auf Ertrag und Profit ausgerichteten Agrarwirtschaft. Das ist harte Arbeit und oftmals wirtschaftlich ein Kampf. Er fährt regelmäßig auf Wochenmärkte und tritt in der Obstsaison mit seinen Früchten auf Apfelfesten und ähnlichen Events in ganz Norddeutschland auf. (www.boomgarten.de/Termine)

Gut so, sagt Eckart, so kann er mit den Menschen reden, sie probieren lassen, sie überzeugen. Der ein oder andere hat nun eine alte Sorte im Garten stehen.

**ECKART BRANDT,** Apfelbauer, Autor und Hüter sowie Züchter alter Obstsorten,
**APFELHOF BOOMGARTEN** in Helmste

# AUF EIN WORT MIT ECKART BRANDT

**WAS IST DEIN LIEBLINGSGERICHT?**
Birnen, Bohnen und Speck.

**WAS IST DER ANTRIEB FÜR DEINE ARBEIT?**
Die Erhaltung der Vielfalt brauchen wir zum Überleben.

**WAS WÜNSCHST DU DIR FÜR DIE ZUKUNFT?**
Etwas leichtere Rahmenbedingungen für meine Arbeit.

**WAS MACHT DICH GLÜCKLICH?**
Meine Ziele zu erreichen.

**WIE LANGE ÜBST DU DEINE ARBEIT SCHON AUS?**
Seit 35 Jahren.

# APFELSALAT

## mit Sellerie, spicy geröstetem Buchweizen und Apfelblüten

**APFELBLÜTEN** | Apfelblüten vorsichtig auf ein Backblech mit Backpapier legen, mit einem Pinsel behutsam das Eiweiß auf die Blüten streichen und diese mit 2 EL Zucker bestreuen. Die Blüten im vorgeheizten Backofen bei 40 °C 4–5 Stunden trocknen. An einem sonnigen Tag geht das auch, statt im Ofen, im Garten.

**APFELSALAT** | Äpfel waschen, halbieren, das Kerngehäuse entfernen, die Äpfel dann in feine Schnitze schneiden und in eine Salatschüssel geben. Knollensellerie schälen und waschen. Den Sellerie mit einer dünnen Reibe (z.B. einer Trüffelreibe) oder einem Sparschäler in sehr feine Streifen schneiden und diese zu den Äpfeln in die Schüssel geben.

Für das Dressing Apfelessig, Rapsöl, Blütenhonig, Pfeffer und ½ TL Meersalz in eine kleine Flasche mit Deckel geben und diese kräftig schütteln.

Für den gerösteten Buchweizen zuerst 50 ml Wasser zusammen mit dem restlichen Zucker zum Kochen bringen. Die Mischung so lange kochen, bis sie anfängt dickflüssig und dunkel zu werden. Wenn sie große Blasen wirft, den Buchweizen zugeben, den Raz el Hanout und eine Msp. Salz ebenso; alles mit einem Löffel durchmischen und auf einem Brettchen auskühlen lassen. Dann mit den Händen etwas zerbröseln und voneinander lösen.

Zum Anrichten das Dressing über den Salat geben, alles durchmischen, auf tiefe kleinere Teller geben, mit dem Buchweizen bestreuen, vorsichtig die Blüten darübergeben und servieren.

**ZUTATEN**

Etwa 30 Apfelblüten
1 Eiweiß (Ei Größe L)
4 EL Zucker
3 Äpfel
½ Knollensellerie
20 ml Apfelessig naturtrüb
40 ml Rapsöl
2 TL Blütenhonig
1 Msp. grob gemahlener dunkler Pfeffer
Meersalz
50 g gekeimter und getrockneter Buchweizen (Bioladen)
2 Msp. Raz-El-Hanout-Gewürzmischung

**6** Personen | **30** Minuten
**5** Stunden Trockenzeit

# SCHNELLES Grünzeug

## Olaf Schnelle, Gärtnerei und Manufaktur, Mecklenburg-Vorpommern

Dieser Gärtner denkt vom Boden aus. Ein bisschen ist Olaf so was wie der Held meiner jungen Kochjahre. Ich erinnere mich noch sehr gut an die Zeit; es muss so Mitte der 2000er-Jahre gewesen sein. Ich habe damals in der Traube Tonbach als Koch gearbeitet, und damals gab es einfach noch keine schönen und regionalen Wildkräuter und essbaren Blüten. Olaf Schnelle und sein Partner Ralf Hiener haben damals mit ihrem Unternehmen »Essbare Landschaften« die Welt der Spitzenköche als einzige mit diesen Produkten beliefert. Jeden zweiten Tag kam eines dieser Wunderpäckchen an. Inzwischen sind Olaf und Ralf »nur« noch freundschaftlich verbunden.

Ein großer Investor stieg damals mit ein und besiegelte das Ende der beiden Gründer. »Zum Glück« sagt Olaf heute. Natürlich war das damals schwer, aber sonst wäre er nicht hier gelandet. Hier, dass ist der kleine Ort Dorow, umgeben von Feldern und noch mehr kleinen Dörfern. Von hier aus ist Olaf zu einem Gärtner mit dem Schwerpunkt »Fermentation von Gemüsen und deren Vermarktung«, mit überregionaler Bekanntheit geworden.
Olaf lebt in Dorow mit seiner Familie in einem wunderschönen und sehr alten Bauernhaus mit riesigem Garten. Einen Steinwurf von seinem Haus entfernt, liegen die beiden kleinen Felder, welche in mehrere gleiche Parzellen unterteilt sind. Direkt gegenüber seinem Haus befindet sich die »Produktion«, ein holzverschalter Flachbau. Hier werden die Fermente und weitere Produkte hergestellt, verpackt, gelagert und versandfertig gemacht. Mit einer Landesförderung und einem Crowdfunding konnte Olaf diesen Schritt gehen. Der Kern des Unternehmens sind seine außergewöhnlichen, aber effektiven ganzheitlichen Agrartechniken. Olaf denkt vom Boden aus. »Immer werden der Boden und die Pflanze getrennt betrachtet, das ist absurd. Sogar in der Uni lernt man das so«, sagt Olaf. Ein weiterer Ansatz ist es, die natürliche Widerstandsfähigkeit von Unkräutern zu nutzen. Olaf stellt aus diesen Unkräutern ein eigenes Ferment her, versetzt sie also noch mal mit Mikroorganismen und Leben und bringt dieses natürliche Unkrautferment dann als Dünger auf sein Feld aus. »Etwas Besseres gibt es nicht für den Boden«, sagt Olaf. Ich habe keine Probleme mit Blattläusen, alles wächst prima und das Wichtigste ist, der Boden ist gesund. Die Bakterien im Boden sind zum großen Teil die gleichen, welche auch im menschlichen Darm vorkommen, somit hängt das alles zusammen.

Die Fermente helfen mit ihren Milchsäurebakterien und vielen aktiven Inhaltsstoffen zusätzlich die Darmflora gesund zu halten. Und es schmeckt einfach großartig. Olaf hat auch ein Händchen für interessante geschmackliche Kombinationen: Karotte mit Holunder, Sauerkraut mit Küstentanne, Rote Bete mit Waldmeister oder Fenchel und vieles mehr. Selbst frisches Gemüse und Kräuter direkt vom Acker verschickt Olaf.

Rattenschwänze
Zwiebel/Chili
30.08.18
11.09.18

**OLAF SCHNELLE,** Gärtner, Unternehmer und Impulsgeber, **SCHNELLES GRÜNZEUG**

# AUF EIN WORT MIT OLAF SCHNELLE

**WAS IST DEIN LIEBLINGSGERICHT?**
Die Spiegeleier, die nur meine Frau so gut zubereiten kann.

**WAS IST DER ANTRIEB FÜR DEINE ARBEIT?**
Vielfalt und Lebendigkeit zu hinterlassen.

**WAS WÜNSCHST DU DIR FÜR DIE ZUKUNFT?**
Vielfalt und Lebendigkeit.

**WAS MACHT DICH GLÜCKLICH?**
Meine Familie.

**WIE LANGE ÜBST DU DEINE ARBEIT SCHON AUS?**
Hm? Welche Arbeit?

# WILDKRÄUTERSALAT mit fermentierten Rüben und Leinöl

**SALAT** | Radieschen mit Grün waschen und halbieren. Bete Tondo di Chioggia ebenfalls waschen und mit Schale in feine Scheiben hobeln. Kohlrabi waschen und mit Schale in Schnitze schneiden. Die fermentierte Bete Tondo di Chioggia in dünne Scheiben schneiden und alle so hergerichteten Gemüse in eine Schüssel geben.

Kamillenblüten beiseitelegen und die Blätter zusammen mit Franzosenkraut, Vogelmiere- und Gänsefußblättern abzupfen, waschen, trocknen und ebenfalls in die Schüssel geben. Borretsch- und Kamilleblüten zum Garnieren beiseitelegen. Rapsöl, Apfelessig, Meersalz und Blütenhonig ebenfalls in die Schüssel geben und alles gut durchmischen.

Wildkräutersalat in der Mitte der Teller anrichten, Radieschen mit dem Grün dazulegen, je 1 EL Leinöl über den Salat träufeln, mit den Blüten garnieren und servieren.

**FERMENTIEREN** | Zum Fermentieren: Entweder man kauft die fermentierte Bete ein (www.schnelles-günzeug.de) oder Sie versuchen es selbst.

Dazu die gut gewaschenen Beten (golfballgroß) wiegen und in ein sauberes Glas geben. 2 % vom Betegewicht an Salz ins Glas geben und mit Wasser aufgießen. Rohrzucker dazugeben, das erleichtert den Start der Fermentation. Das Drahtbügelglas verschließen und mehrere Tage bei Zimmertemperatur stehen lassen. Je länger man das Ferment so stehen lässt, desto kräftiger wird es fermentiert. Um den Fermentationsprozess abzuschließen, das Glas in den Kühlschrank stellen (6 °C). Dann ist es so mehrere Monate haltbar.

**ZUTATEN**

6 Radieschen
1 Bete Tondo di Chioggia
2 junge Kohlrabi, hell
2 junge Kohlrabi, blau
2 fermentierte Beten Tondo di Chioggia
4 Stängel wilde Kamille mit Blüten und Blättern
1 Handvoll Franzosenkraut
3 Stängel Vogelmiere
3 Stängel weißer Gänsefuß
4 Borretschblüten
40 ml Rapsöl
2 EL naturtrüber Apfelessig
2 Msp. Meersalz
½ TL Blütenhonig
4 TL kalt gepresstes Leinöl

Meersalz (beim Selbstfermentieren)
1 TL Rohrzucker (beim Selbstfermentieren)

**4** Personen
**35** Minuten

# EINTOPF
## Tausammengekoktes

Der Eintopf im klassischen Sinn, also alles in einem Topf zu kochen; ganz so eng sehe ich es hier nicht. Tausammengekoktes trifft es dann doch besser. Bei den norddeutschen Suppen und Eintöpfen, aber auch den Schmorgerichten erkennt man wieder gut die Bedeutung, welche das Essen hier spielt. Wo hart, und bei Wind und Wetter gearbeitet wird, da passt natürlich ein wärmender und herzhafter Eintopf mit Kartoffeln und Fleisch, oder eben Fisch und Meeresfrüchten wie kaum ein anderes Gericht.

Es darf deftig sein, oftmals mit dem Hang zur Süße und Säure, aber auch mal etwas feiner mit einer gerollten Scholle oder Hummer. Wobei man wissen muss, dass Hummer früher alles andere war als ein feines Essen. Eher ein typisches Fischeressen.

Ich habe in diesem Kapitel die junge Hamburger Brauerei ÜberQuell besucht und mit ihrem tollen Bockbier Spare Ribs kräftig eingekocht, dazu Topinambur aus dem Ofen, Salat, Roquefort und Hopfenblätter. Ein wahres Geschmacksgewitter! Ganz im Sinne von Molière: »Ich lebe von guter Suppe und nicht von schöner Rede.«

Guten Appetit!

# HUMMERTOPF
## mit Wildlachs, Fenchel und Kartoffeln

Hummer in leise kochendes Salzwasser legen, etwa 5 Minuten simmern lassen, dann herausnehmen und auskühlen lassen. Das Fleisch aus dem Hummer ausbrechen, die Hummerschalen säubern und bei 120 °C Umluft für 30 Minuten im Backofen trocknen. Das Hummerfleisch auf ein Tuch legen und bis zur weiteren Verwendung im Kühlschrank aufbewahren. Nach dem Trocknen die Hummerschalen etwas kleiner brechen.

In einem Topf Süßrahmbutter mit 20 ml Rapsöl erhitzen und die Hummerschalen vorsichtig unter Rühren etwa 3 Minuten anrösten. Mit Wermuth ablöschen, den Fischfond darübergeben und weitere 5 Minuten bei geschlossenem Deckel kochen lassen.

Wildlachsfilet auf ein Brett legen und die Gräten ziehen. Der Lachs kann mit oder ohne Haut verwendet werden, je nachdem, wie man es lieber mag. Falls die Haut nicht verwendet wird, kann sie mit den Hummerschalen im Topf köcheln. Die Flüssigkeit nun abpassieren und aufbewahren, die Hummerschalen und ggf. die Lachshaut können weg. Zwiebel und Knoblauch abziehen, Knoblauch halbieren und den inneren Strunk entfernen. Zwiebel und Knoblauch fein würfeln.

Staudensellerie, Lauch, Knollensellerie und Fenchel waschen, ggf. schälen, und bis auf den Fenchel würfeln. Fenchel in Streifen schneiden. Kartoffeln schälen und in eher dünnere längliche Schnitze schneiden.

In einem weiteren Topf Zwiebel und Knoblauch in dem restlichen Rapsöl anbraten, das geschnittene Gemüse hineingeben und 4 Minuten mit anbraten. Mit dem Tomatenmark vermengen und weitere 2 Minuten anbraten. Dann mit dem zurückbehaltenen Hummerfond aufgießen. Die geschnittenen Kartoffeln zugeben und alles vorsichtig köcheln, bis die Kartoffeln weich sind.

Nun kann der in Stücke portionierte Lachs in die Suppe gelegt werden und diese weitere 4 Minuten leicht köcheln. Hummerstücke zugeben, sie müssen lediglich erhitzt werden. Den Eintopf in einem tiefen Teller servieren und mit dem Fenchelgrün garnieren.

**ZUTATEN**

1 Hummer (z.B. Helgoländer 350–400 g)
Salz
25 g Süßrahmbutter
30 ml Rapsöl
20 ml heller Wermuth
800 ml Fischfond (siehe Seite 212)
500 g Wildlachsfilet
1 Zwiebel
2 Knoblauchzehen
2 Stangen Staudensellerie
¼ Lauchstange (untere Hälfte)
¼ Knollensellerie
½ Fenchel (Fenchelgrün aufbewahren)
3 festkochende Kartoffeln
1 EL Tomatenmark

**4** Personen | **120** Minuten

# STECKRÜBENEINTOPF

## mit Kochwurst, Liebstöckelöl und Schnittlauch

Steckrübe, Sellerie und Karotten schälen und in haselnussgroße Würfel schneiden. Zwiebeln und Knoblauch abziehen, Knoblauch halbieren und den inneren Strunk entfernen. Zwiebeln und Knoblauch würfeln.

Wirsing und Lauch waschen und ebenfalls in haselnussgroße Stücke würfeln. Kochwürste in 1 cm dicke Scheiben schneiden (man kann die Würste auch ganz lassen).

Steckrübe, Sellerie und Karotten mit Zucker und Salz in einer Schüssel gut vermengen. Rapsöl in einem Topf erhitzen. Zwiebel- und Knoblauchwürfel darin kurz anbraten. Dann das marinierte Gemüse darin gut von allen Seiten anbraten. Dann mit Gemüsebrühe ablöschen und Wirsing, Lauch und Kochwürste dazugeben.

Lorbeerblätter in den Topf legen und bei geschlossenem Deckel vorsichtig köcheln, bis die Steckrübe weich ist (20–25 Minuten).

Für das Liebstöckelöl Liebstöckel waschen, Blätter abzupfen und mit Rapsöl fein mixen. Den Eintopf heiß in einem Suppenteller servieren und mit dem Liebstöckelöl beträufeln.

**ZUTATEN**

½ Steckrübe
¼ Sellerieknolle
3 Karotten
2 Zwiebeln
1 Knoblauchzehe
¼ Wirsing
¼ Lauch (untere Seite)
6 Kochwürste (à 100 g)
2 TL Zucker
2 TL Salz
50 ml Rapsöl (zum Anbraten)
700 ml Gemüsefond (siehe Seite 208)
2 Lorbeerblätter
2 Stängel Liebstöckel
80 ml Rapsöl (für das Liebstöckelöl)

**6** Personen
**3** Weckgläser à 720 ml
**100** Minuten

# KÜSTENFISCHSUPPE mit Muscheln

**SUPPE**
300 g Venusmuscheln
300 g Miesmuscheln
1 Zwiebel
1 Knoblauchzehe
3 EL Rapsöl
2 Karotten
½ Knollensellerie
1 Fenchel mit Fenchelgrün
40 ml heller Wermuth
500 ml Fischfond (siehe Seite 212)
1 Zanderfilet mit Haut
400 g Dorschfilet ohne Haut

**SCHOLLENRÖLLCHEN**
2 Schollenfilets (à 120 g)
30 g frischer Spinat
1 Stängel Estragon
50 g Zanderfilet
½ TL Salz
50 ml flüssige Sahne
1 Eiswürfel
1 TL Anisschnaps

**6** Personen
**120** Minuten

**SCHOLLENRÖLLCHEN** | Für die Schollenröllchen Schollenfilets abtupfen und längs auf ein Brett legen. Spinat waschen und grob hacken. Estragon waschen, die Blätter abzupfen und hacken. Zanderfilet würfeln und mit Spinat, Estragon, Salz, Sahne, Eiswürfel und Anisschnaps in einem Mixer oder mit einem Pürierstab zu einer feinen, möglichst homogenen Masse verarbeiten. Das funktioniert am besten in einem möglichst schmalen und hohen Gefäß. Auch ist es wichtig, nicht zu lange zu mixen, damit die Temperatur nicht zu hoch wird.

Nun diese grüne Farce vorsichtig mit einer Palette gleichmäßig auf das Schollenfilet streichen. Die Masse darf nicht zu dick gestrichen werden, da sie sonst an den Seiten herausquillt. Filet auf eine quadratische Klarsichtfolie legen und nun vorsichtig einrollen, die Klarsichtfolie um das Röllchen schlagen und an den Seiten durch Rollen verschließen. Nun das »Paket« noch einmal in Alufolie einrollen und die Enden ebenfalls verschließen.

# KÜSTENFISCHSUPPE mit Muscheln

Die beiden Pakete nun in einen Topf mit Wasser legen und dieses kurz unter dem Kochpunkt halten. Die Filets so etwa 10–12 Minuten garen, dann herausnehmen und ruhen lassen. Wenn die Röllchen etwas abgekühlt sind, die Folien entfernen, die Röllchen vorsichtig mit einem scharfen Messer in Streifen scheiden und in die Suppe legen.

**SUPPE** | Für die Suppe Muscheln gründlich waschen und beschädigte oder geöffnete Muscheln aussortieren. Zwiebel und Knoblauch abziehen, den Knoblauch halbieren und den inneren Strunk entfernen. Rapsöl in einem Topf erhitzen, Zwiebel und Knoblauch kurz darin anbraten, dann die Muscheln in den Topf schütten und den Deckel auf den Topf geben. Bei geschlossenem Deckel 5 Minuten köcheln lassen und dann die Temperatur reduzieren.

Karotten und Sellerie schälen und klein würfeln. Fenchel in Scheiben schneiden und ebenfalls würfeln. Das Fenchelgrün zur Garnitur zurückbehalten. Die Muscheln mit einer Schaumkelle aus dem Topf nehmen und kalt stellen. Gemüsewürfel und Wermuth in den Topf geben und aufkochen. Fischfond zugeben und so lange vorsichtig köcheln, bis das Gemüse weich, aber innen noch leicht knackig ist.

Dann das Zanderfilet mit Haut und das Dorschfilet ohne Haut in portionsgerechte Streifen schneiden und diese in den Fond legen. Einmal aufkochen und dann die Temperatur wegnehmen. Die Muscheln wieder in den Topf geben und alles ein letztes Mal sanft erhitzen.

Die Suppe in tiefen Tellern anrichten, mit dem Fenchelgrün garnieren und servieren.

# GEMÜSEEINTOPF mit Graupen und dünnem Roastbeef

**ROASTBEEF** | Für das Roastbeef das Fleisch rundherum salzen und das Rapsöl in einer Pfanne erhitzen. Knoblauch und Zwiebel abziehen, Knoblauch halbieren und den inneren Strunk herausnehmen. Zwiebel und Knoblauch in feine Streifen schneiden.

Das Roastbeef im Öl von allen Seiten scharf anbraten, Zwiebel und Knoblauch dazugeben und für 1 Minute mit anbraten. Rosmarin mit in die Pfanne legen und die Pfanne bei 120 °C für 50 Minuten bei Umluft in den vorgeheizten Backofen stellen.

**EINTOPF** | Für den Eintopf Knoblauch und Zwiebel abziehen, Knoblauch halbieren und den inneren Strunk herausnehmen. Zwiebel und Knoblauch fein hacken.

Rapsöl in einem Topf erhitzen, Zwiebel, Knoblauch und Graupen dazugeben und anschwitzen, bis die Zwiebel glasig wird. Mit der Rinderbrühe ablöschen und bei geschlossenem Deckel köcheln lassen, bis die Graupen weich sind.

Knollensellerie und Karotte schälen und in dünne Scheiben schneiden. Wirsingkohlblätter (mehrere übereinander) und die Knollensellerie- und Karottenscheiben auf ein Schneidebrett legen und aus den Scheiben erst Streifen schneiden. Dann die Bohnen dazulegen und alles in feine Würfel schneiden, welche etwa in der Größe der Graupen oder etwas größer sein sollten. Das Gemüse nun zu den Graupen und der Brühe geben und diese mitkochen, bis das Gemüse gegart, aber noch knackig ist.

Das Roastbeef nach dem Garen noch 10 Minuten ruhen lassen, dann dünn aufschneiden und mit dem Eintopf servieren.

**ROASTBEEF**
400 g Roastbeef
1 TL Meersalz
30 ml Rapsöl
2 Knoblauchzehen
1 Zwiebel
1 Zweig Rosmarin

**EINTOPF**
1 Knoblauchzehe
1 mittelgroße Zwiebel
2 EL Rapsöl
40 g Graupen
500 ml Fleischfond (siehe Seite 210)
¼ Knollensellerie
1 Karotte
⅛ Wirsingkohl (wenn er groß ist)
2 Stangenbohnen

**6** Personen
**60** Minuten

# ÜBERQUELL Brauwerkstätte

**Patrick Rüther, Inhaber und Gastgeber bei den ÜberQuell Brauwerkstätten auf St. Pauli in Hamburg**

Diese Fügung hat sich gelohnt! Ich konnte schon immer viel mit Bier anfangen. Sowohl als Getränk als auch in der Küche. Bier kann ein Gericht unglaublich bereichern. Die malzige Süße, die tollen fruchtigen und hopfigen Bitterstoffe, das passt perfekt zu Schmorgerichten, aber auch zu Teigen, Dressings und Marinaden. In diesem Buch findet ihr gleich 3 Gerichte mit Bier als Zutat. Die Craft-Bier-Bewegung hat dann noch mal einer Geschmacksvielfalt, die vorher einfach nicht da war, die Türen geöffnet. Somit ist auch klar, was mich zum ÜberQuell gebracht hat. ÜberQuell ist so was wie eine perfekte Idee! Handwerklich gut gemachtes, selbst gebrautes Bier in Kombination mit einem Pizza-Konzept, welches auf ebenfalls handwerklich perfekte neapolitanische Steinofenpizzen setzt! Das Ganze hat dann auch noch sein Zuhause zwischen Fischmarkt und Landungsbrücken in einem wunderschönen, unter Denkmal stehenden Backsteingebäude gefunden. Vor dem Gebäude stehen riesige Biertanks, haushoch und vom Künstler Okudart bunt angemalt. Ich höre Patrick gerne zu. Mit funkelnden Augen erzählt er mir viel über die Geschichte der Craft Biere, über Sauerbiere und IPAs. Wie sie dann zum Braumeister Tobias Hess gekommen sind, ist fast schon eine Fügung, sagt Patrick! Tobis Lebensgeschichte ist eng mit Bier verbunden, und hört sich ebenso abenteuerlich wie fantastisch an. Sie handelt von der Hochschule Weihenstephan-Troisdorf, einem Studium an einer bayrischen Landbrauerei, von Belize, Uganda und Mexiko, von viel Erfahrung für große Craft-Bier-Brauereien und einer Liebesgeschichte, die ihn letzten Endes wieder nach Deutschland, bzw. ins Alte Land bei Hamburg gebracht hat, und dort schließt sich der Kreis. Patrick hat Erfahrung als Gastronom. Zusammen mit seinem Partner Axel Ohm betreibt er andere Restaurants in Hamburg und Frankfurt. Mit Axel betreibt er nun die ÜberQuell Brauwerkstätten. Das Schönste an diesem Ort ist vielleicht so zu beschreiben: »Vom Einfachen das Gute«. Wobei »gut« auch mit »perfekt« zu ersetzen wäre. Das Streben nach Perfektion ist tatsächlich überall spürbar. Die Pizzaöfen kommen aus Neapel und backen bei 485 Grad, die 7 Biertanks werden frischen Craft Bieren gefüllt und zum gastronomischen Konzept gehören neben Bier und Pizza auch Kunst und Kultur. Für mein Gericht mit ÜberQuell habe ich die Spare Rips lange mit der saisonalen Bierspezialität Senatsbock zu einem dickflüssigen Lack als Sauce geschmort. Zusammen mit knackigem Salat, Roquefortdressing, gebackenem Topinambur und Hopfenblättern ist hier ein passender Begleiter zum Craft Bier entstanden.

Um den Biergenuss noch komplett zu machen, haben wir uns für das Superdupa IPA als Begleiter entschieden. Die super komplexe exotische Frucht und die satten Hopfennoten machen aus dem IPA den perfekten Partner für dieses kräftige, aber auch frische und sommerliche Gericht.

1. DIPA
2. HYPA15
3. IPL14
4. IPA19
5. Original
6. Pale Ale
7. Original
Hefe

ÜberQuell
St. Pauli

DOCK 6

**PATRICK RÜTHER,** Gastronom, Inhaber & Gastgeber, **ÜBERQUELL BRAUWERKSTÄTTEN**

# AUF EIN WORT MIT PATRICK RÜTHER

**WAS IST DEIN LIEBLINGSGERICHT?**
Situations- und zustandsabhängig, entweder Pizza mit scharfer Salami, Caesars Salad (ohne Pute) oder eine Currywurst/Pommes/Mayo.

**WAS IST DER ANTRIEB FÜR DEINE ARBEIT?**
Gute Leute für eine gute Zeit zusammenbringen und Neues schaffen.

**WAS WÜNSCHST DU DIR FÜR DIE ZUKUNFT?**
Weniger negativen Stress, und mehr Zeit für Familie, Freunde und mich.

**WAS MACHT DICH GLÜCKLICH?**
Zeit mit meiner Familie, in der Natur unterwegs sein, gutes Bier.

**WIE LANGE ÜBST DU DEINE ARBEIT SCHON AUS?**
Ich habe eigentlich schon immer in der Gastronomie gejobbt, erste Selbstständigkeit 2003 mit dem Hamburg City Beach Club. Krass, auch schon 16 Jahre her.

# SPARE RIBS

## im Bock-Bier-Lack mit Salatherzen, Hopfenblüten, krossem Topinambur und Roquefortdressing

**SPARE RIBS** | Für die Spare Ribs Zwiebel und Knoblauch abziehen, bei dem Knoblauch den inneren Keim herauslösen und den Knoblauch vierteln. Beides der Länge nach in feine Streifen schneiden. Rapsöl in einem Topf mit großer Fläche erhitzen. Spare Ribs (Schweinerippen) mit Meersalz würzen und von allen Seiten im Rapsöl braun anbraten.

Zwiebeln und Knoblauch in den Topf geben und mit anschwitzen. Pfeffer darüberstreuen, Sojasauce und Honig dazugeben. Rinderbrühe und Bock Bier angießen. Nun Schokolade und Sternanis hineingeben und alles bei geringer Temperatur etwa 10 Minuten köcheln lassen. Danach etwa 1 Stunde mit Topfdeckel leicht köcheln lassen. Spare Ribs herausnehmen und beiseitelegen. Die Sauce dann so lange kochen, bis sie dickflüssig wird. Sternanis herausnehmen, Rippchen wieder hineingeben und alles heiß servieren.

**SPARE RIPS**
1 mittelgroße Zwiebel
1 Knoblauchzehe
2 EL Rapsöl
600–700 g Spare Ribs (Schweinerippen)
1 TL Meersalz
1 Msp. frisch gemahlener schwarzer Pfeffer
2 EL Sojasauce
2 EL Honig
400 ml Fleischfond (siehe Seite 210)
0,33 ml Bock Bier (»Senats Bock« ÜberQuell)
1 Stück Zartbitterschokolade (80 %)
1 Sternanis

**DRESSING & SALAT**
400 g Topinambur
110 ml Rapsöl
1 TL Zucker
2 TL Meersalz
8 kleine Karotten
80 g Roquefort
2 EL flüssiger Honig
2 TL grober Dijonsenf
70 ml Fleischfond (siehe Seite 210)
6 Salatherzen oder kleine Römersalate
ca. 20 Hopfenblätter

**4** Personen
**2** Stunden | **20** Minuten

SUPADUPA
IPA

# SPARE RIBS

## im Bock-Bier-Lack mit Salatherzen, Hopfenblüten, krossem Topinambur und Roquefortdressing

**DRESSING & SALAT** | Für das Dressing und den Salat Topinambur mit Schale gründlich waschen und die größeren Stücke halbieren. In einer kleinen Schale Topinambur mit 10 ml Rapsöl, Zucker und 1 TL Meersalz gut vermischen. Alles auf einem mit Backpapier ausgelegten Backblech verteilen und im vorgeheizten Backofen bei 180 °C Umluft etwa 1 Stunde backen, bis der Topinambur außen knusprig und innen weich ist.

Karotten so schälen, dass noch etwas Grünes am Stiel stehen bleibt. Dann die Karotten in leicht gesalzenem Wasser 4–5 Minuten köcheln, bis sie außen weich und innen noch knackig sind. Herausnehmen, auskühlen lassen und der Länge nach halbieren. Für das Dressing in einen kleinen, hohen Messbecher erst Roquefort, dann Honig und Senf hineingeben. Mit einem Mixstab die heiße Rinderbrühe hineinmixen. Mit dem zweiten TL Meersalz abschmecken. Danach mit dem Pürierstab übriges Rapsöl hineinmixen, bis eine sämige, dickflüssige Konsistenz entstanden ist.

Die Salatherzen halbieren, sodass der Strunk die Blätter noch zusammenhält, mit kaltem Wasser waschen und gut abtropfen. Die Hopfenblätter in etwas Rapsöl in der Pfanne kurz von jeder Seite 10–15 Sekunden anbraten, bis sie knusprig werden, dann auf Küchenpapier legen.

Den Salat auf Teller geben, 3 halbe Herzen pro Person, dazwischen den knusprigen Topinambur und die halbierten Karotten legen, das Dressing darübergeben und am Schluss mit den knusprigen Hopfenblättern garnieren. Salat mit den Spare Ribs servieren.

# AM FEUER

## An fuur

Ich liebe es, so mit meinem Campingbus unterwegs zu sein. Hinten drin das Bett, die Küche, Wasser und Strom; egal, wo du stehst, bist du zu Hause. Eng verbunden mit der Liebe zum Campingbus ist meine Passion fürs Kochen am Lagerfeuer; Gerichte auf dem Grill zuzubereiten, zu smoken und einfach draußen in der Natur zu sein.

Ich habe Fisch am Stock und den Flammlachs direkt im offenen Feuer zubereitet und auch für die Beilagen dieses genutzt. Und ich habe im tollen Grill Fleisch zubereitet, Fisch und Gemüse gegrillt und auch geräuchert. Es gibt fast nichts, was man mit Feuer nicht anstellen kann. Genauso wie in der Bulliküche. Ich war in diesem Kapitel bei Mathias Schilling zu Besuch, der ein beeindruckender Rinderzüchter und Gastronom ist, aber auch echter Inselbesitzer direkt bei Schaprode.

Das Kimchirezept hier ist wirklich eine großartige Entdeckung, es schmeckt so lecker! Und funktioniert mit Knollensellerie, und alle Zutaten sind regional zu beziehen, sogar Chilis und Chinakohl.

# STECKERLFISCH
## mit Grillgemüse und Feuerkartoffeln

**ZU HAUSE** | Kartoffeln am besten zu Hause auf dem Weg zum Wasser schon einmal vorkochen. In einer Schale mit gezupften Oreganoblättern von 2 Stängeln, Pfeffer und 1 EL Rapsöl mischen und mitnehmen.

**VOR ORT** | Als Vorbereitung für dieses Gericht benötigt man eine Feuerstelle, welche so bereitet ist, dass man an der Seite Stöcke in die Erde oder den Sand stecken kann und ein Gitter über das Feuer legen kann, um das Gemüse und die Kartoffeln zuzubereiten.

Man benötigt für jede Forelle einen geraden, etwa 1,5 Meter langen Stock von ungefähr 1 cm Durchmesser, welcher an einer Seite angespitzt ist. Knoblauch abziehen und in grobe Streifen schneiden. Ausgenommene Bachforellen in eine Schüssel geben und den Bauchraum gleichmäßig mit restlichem Oregano, Bronzefenchelstängeln und Knoblauchstreifen füllen. Die Bachforellen von außen mit übrigem Rapsöl einreiben und mit 1 EL Meersalz würzen.

Jeweils eine Forelle fest auf den Stock spießen und den Stock so mit dem anderen Ende in die Erde oder den Sand platzieren, dass sie schön goldbraun braten kann. Gut im Auge behalten.

Frühlingslauch, Karotten und Fenchel waschen und mit 1 EL Meersalz würzen. Gemüse, so wie sie sind, auf das Grillgitter legen und über der Glut langsam garen. Die vorgekochten Kartoffeln mit übrigem Meersalz würzen und auf einem Gitter über dem Feuer rösten, bis eine gebräunte Kruste entstanden ist. Da die Kartoffeln vorgekocht sind, geht das relativ rasch.

Die Forelle nach etwa 20 Minuten in der Hitze auf einer Platte anrichten, vorsichtig die Haut abziehen und die Filets mit einigen Feuerkartoffeln und geröstetem Gemüse servieren.

**ZUTATEN**

8 festkochende, vorgekochte Kartoffeln
6 Stängel Oregano
1 Msp. frisch gemahlener schwarzer Pfeffer
3 EL Rapsöl
2 Knoblauchzehen
2 Bachforellen
4 Stängel Bronzefenchel
3 EL Meersalz
8 Stangen roter Frühlingslauch
8 junge Karotten mit Grün
4 junge Fenchel

**4** Personen
**1** Mittag am Wasser & **30** Minuten zu Hause

# FLAMMLACHS mit gebackenen roten Zwiebeln und Salznussbutter

Der Flammlachs wird auf extra dafür vorgesehenen Brettern gegart. Meist aus Zedernholz. Wenn ihr handwerklich begabt seid, könnt ihr diese auch selbst bauen; es gibt aber auch tolle Produkte aus zertifizierter Holzwirtschaft direkt zu bestellen. Zuallererst müsst ihr ein Feuer in der Feuerschale machen. Es schadet nicht, wenn das Feuer schon etwas »eingebrannt« ist.

**RUB** | Für den Rub verwendet man am besten einen schweren Mörser aus Stein. Hier hinein kommen 3 TL Meersalz, Pfefferkörner, Zitronenabrieb, Meersalz, Chilis, Pimentkörner, Knoblauchpulver und Rohrzucker. Nun wird alles mit dem Stößel zu einem gleichmäßigen Gewürzpulver zermahlen.

**FLAMMLACHS** | Die Lachsseiten (ohne Gräten) werden nun auf die Hautseite gelegt und auf der Fleischseite gleichmäßig mit der Gewürzmischung, dem Rub, eingerieben. Nun spannt ihr die Lachsseiten so auf das Holzbrett, wie es die Hersteller vorgesehen haben. Die Hautseite liegt dabei auf dem Holz auf.

Zwiebeln abziehen und mit je 1 Prise Salz (aus 2 EL Meersalz) zusammen in ein kleines Päckchen Alufolie rollen. Das restliche Salz für die Butter zurückstellen. Alternativ können die Zwiebeln auch in der Schale direkt an den Rand der Glut gelegt werden. Dann müssen sie ab und an gewendet und vor dem Essen muss das Verbrannte abgezogen werden. Süßrahmbutter in einem kleinen Topf mit dem restlichen Meersalz in die Feuerstelle zur Glut stellen und ruhig so lange köcheln lassen, bis die Molke verbrennt und ein leicht nussiger Geschmack entsteht.

Der Lachs gart 20–30 Minuten und sollte in der Mitte noch leicht glasig sein und auf der Außenseite knusprig karamellisiert. Er kann auf dem Brett auf den Tisch gelegt werden und jeder nimmt sich etwas herunter. Gegessen wird er dann zusammen mit den weichen Zwiebeln und der salzigen Nussbutter.

**TIPP** | Das Brett hat eine wesentlich längere Lebensdauer, wenn es vor der Verwendung für etwa eine Stunde in kaltes Wasser gelegt wurde und sich vollsaugen kann.

**ZUTATEN**

2 TL schwarze Pfefferkörner
Abrieb von 1 unbehandelten Zitrone
3 TL Meersalz
2 getrocknete Chilis
2 Pimentkörner
½ TL Knoblauchpulver
4 TL brauner, grober Rohrzucker
2 Seiten Wildlachs (kauft keinen Farmlachs oder Aquakulturlachs!)
20 kleine rote Zwiebeln
4 EL Meersalz
250 g Süßrahmbutter

**10** Personen | **120** Minuten

# OCHSENSTEAK
## mit Grillkarotte und Sauce Béarnaise

**OCHSENSTEAK & KAROTTEN** | Für das Ochsensteak Karotten waschen und mit einem Sparschäler schälen. Der obere Zentimeter Karottengrün darf dabei gerne stehen bleiben. Die Karotten in einer Schüssel mit Rapsöl und ½ TL Meersalz mischen, etwas an die Ränder der Grillfläche legen und von zwei Seiten etwa 5 Minuten grillen. Die Karotten sollten weich sein, aber innen noch Biss haben.

Ochsensteak mit übrigem Meersalz würzen und von jeder Seite 7–8 Minuten grillen. Dann erst mit Pfeffer würzen, die Grilltemperatur auf etwa die Hälfte reduzieren und bei geschlossenem Deckel etwa 20 Minuten garen. Rosmarin dabei auf das Steak legen. Nach dem Garen das Fleisch noch mindestens 5 Minuten auf einem Brett ruhen lassen. Während das Fleisch gart, können die Karotten auf die obere Garebene gelegt werden.

**SAUCE BÉARNAISE** | Für die Sauce Béarnaise Butter in einem kleinen Topf vollständig schmelzen und beiseitestellen, bis sie auf Zimmertemperatur abgekühlt ist. In einem weiteren kleinen Topf Essig, Zitronensaft, Pfefferkörner und Pimentkorn erhitzen und bis auf die Hälfte der Flüssigkeit einkochen lassen.

Estragon waschen, die Blätter von den Stängeln zupfen und fein hacken. Eigelb in einer Schüssel oder einem Anschlagkessel über einem heißen Wasserbad zusammen mit dem reduzierten Essig schaumig aufschlagen und mit Salz würzen. Nun unter Rühren langsam die flüssige Butter unter das schaumige Eigelb dazulaufen lassen. Wichtig ist, dass die Butter und der Eigelbschaum in etwa die gleiche Temperatur haben. Die Sauce sollte eine glänzende und dickflüssige Konsistenz haben. Nun den gehackten Estragon unterheben.

Nach dem Ruhen das Fleisch auf dem Brett in Streifen aufschneiden und zusammen mit den Karotten und der Sauce Béarnaise servieren. Ich mag es bei dem Gericht gerne, wenn die Sauce Béarnaise kalt serviert wird. Ich gebe sie deshalb eine Stunde vor dem Grillen in ein Glas und bewahre es im Kühlschrank auf.

**OCHSENSTEAK & DIE KAROTTEN**
etwa 16 kleinere Karotten
1 EL Rapsöl
2 ½ TL Meersalz
1 Ochsensteak (ca. 1 kg)
1 TL frisch gemahlener schwarzer Pfeffer
2 Zweige Rosmarin

**SAUCE BÉARNAISE**
80 g Süßrahmbutter
20 ml heller Balsamicoessig
Saft von ½ Zitrone
1 TL dunkle Pfefferkörner
1 Pimentkorn
3 Stängel Estragon
2 Eigelbe (Ei Größe L)
1 Msp. Salz

**4** Personen | **60** Minuten

Char-Broil

# GERÄUCHERTE ROTE BETE

## mit cremigem Ziegenkäse und Wildhonig mit Fichtentrieben

**ROTE BETE** | Rote Bete in Salzwasser mit Kümmel weich kochen. Ziegenfrischkäse, Rapsöl und Wildhonig glatt rühren und mit Salz abschmecken.

Rote Bete auf ein Grillgitter geben und auf die Grillkohle oder auf den Gasrost eine kleine Metallschale mit den Fichtenholzspänen geben, damit es anbrennt. Man kann sich auch etwas Ähnliches aus Alufolie basteln. Den Deckel schließen und die Rote Bete etwa 5 Minuten lang räuchern.

Zum Anrichten die geräucherte Rote Bete kreuzweise einschneiden, aber unten noch zusammenlassen. Den Ziegenfrischkäse in die entstandenen Lücken geben und mit Wildhonig und den darin eingelegten Fichtentrieben beträufeln.

**TIPP** | Für den Wildhonig mit Fichtentrieben einfach den Wildhonig leicht erhitzen, die gewaschenen Fichtentriebe dazugeben und verschließen. Das Glas am besten ab und an wenden, damit sich alles gut durchmischt. Fichtentriebe sind die hellen, weichen und nach Zitrone und Tanne schmeckenden Triebe der Fichte, welche man am besten im Mai zupfen kann.

**ZUTATEN**
6 Rote Bete
Salz
1 TL Kümmelsamen
300 g Ziegenfrischkäse
20 ml Rapsöl
1 TL Wildhonig
1 Hand Fichtenholzspäne oder ähnliche
6 EL Wildhonig mit Fichtentrieben

**6** Personen
**35** Minuten

ALL-STAR

**KIMCHI** | Die Zutaten für Kimchi variieren sehr. Ich habe hier eine Variante mit regionalem Gemüse gewählt. Denn auch der Chinakohl ist in seiner Saison regional zu beziehen. Chinakohl längs vierteln und in Streifen schneiden. Diese waschen und für 2 Stunden in Salzwasser einlegen (15 g Salz auf 1 Liter Wasser).

Währenddessen Karotten und Sellerie schälen, waschen und in feine Streifen reiben. Knoblauch abziehen, den inneren Strunk entfernen und den Knoblauch sehr fein hobeln. Hierzu eignet sich z.B. ein Trüffelhobel.

Chilis waschen und mit dem Kerngehäuse in dünne Streifen schneiden. In eine ausreichend große Schüssel Karotten, Sellerie, Knoblauch, Chilis, Tomaten und Chilisauce geben. Die Chilisauce bestimmt die Schärfe und den Geschmack, hier könnt ihr euer Lieblingsprodukt verwenden.

Chinakohl aus dem Salzwasser nehmen und trocken schleudern. Alles gemeinsam in der Schüssel gut vermengen, kneten, bis eine gleichmäßige Mischung entstanden ist und mit Salz würzen.

Den Kimchi in die Gläser einfüllen und oben so beschweren, dass er mit Flüssigkeit bedeckt ist. Hierfür gibt es extra Siebe, aber auch ein Stein oder Murmeln in einem Netz eignen sich. Fest verschließen. Den Kimchi 2 Tage bei Zimmertemperatur stehen lassen, bis sich leichte Blasen bilden. Dann entweder verzehren oder im Kühlschrank (6 °C) weiteraufbewahren, so wird der Prozess der Fermentation abgebrochen und er ist noch einige Monate haltbar.

**TIPP** | Der Kimchi reicht für zwei 1-Liter-Gläser.

**MAKRELE** | Hier bitte so frisch und regional wie möglich. Die Makrelen ausgenommen kaufen oder sich selbst dranwagen, es ist nicht schwer!

Vor dem Grillen die Makrelen im Bauch salzen und auf der Haut mit etwas Rapsöl bestreichen, dann kleben sie nicht an den Gittern. Von beiden Seiten bei mittlerer Temperatur grillen, bis die Haut schön knusprig und das Fleisch gar ist, schätzungsweise 12–13 Minuten pro Seite.

Wer möchte, darf auch noch Aromaten wie Petersilie, Knoblauch oder Zitrone in den Bauch der Makrelen legen. Ich mache das vor allen Dingen gerne bei Fischen aus dem Ofen oder aus dem Pergamentpapier. Die gegrillten Makrelen direkt auf die Hand mit dem frischen und knackigen Kimchi servieren.

**KIMCHI**
1 Chinakohl
Salz
3 Karotten
½ Knollensellerie
3 Knoblauchzehen
2 grüne Chilis
1 Dose gehackte Tomaten (400 g)
150 ml Chilisauce

**MAKRELEN**
6 küchenfertige Makrelen
2 EL Rapsöl

**6** Personen
**3** Stunden **20** Minuten
**2** Stunden Einweichzeit Chinakohl

# GRILLMAKRELE

## auf die Hand mit Küstenkimchi

10 687

# INSEL ÖHE
## Rinderzucht

**Mathias Schilling, Bio-Landwirt und Gastronom, Mecklenburg-Vorpommern**

Freie Rinderzucht auf der eigenen Insel. Selten bin ich so sprachlos gewesen wie in dem Moment, in dem mir bewusst wurde, dass Mathias tatsächlich auf seiner eigenen Insel lebt. »Die Reaktion kenne ich, ist ja auch was Besonderes«, schmunzelt Mathias. Von Schaprode mit dem Schiff gerade über den Kanal und schon ist man da! Auf Steffens eigener Insel Öhe. Zwischen Hiddensee und Rügen, eingebettet in eine unglaublich schöne Natur im Nationalpark Vorpommersche Boddenlandschaft.

Hier lebt Mathias mit seinen 130 Rindern und 100 Heidschnucken auf 75 Hektar Inselland. Seit dem 14. Jahrhundert ist die Insel im Familienbesitz. 2006 hat Mathias die Insel übernommen und bewirtschaftet sie. Die Rinder der ursprünglich französischen Rassen Limousin und Blonde d'Aquitaine haben hier viel freie Fläche und grasen auf den Salzwiesen, welche sich bis zum Meer erstrecken. Ein unglaublich schönes Bild. Und, sie dürfen alt werden. Die Kälber bleiben ein ganzes Jahr bei ihrer Mutter und dann noch ein weiteres auf den Salzwiesen, bevor sie in einer Landschlachterei in Parchtitz verarbeitet werden.

Neben seiner Bio-Rinder- und Schafzucht betreibt Mathias auch mehrere gastronomische Betriebe in der Region. Das ist auch die Hauptvermarktung des würzigen und zarten Fleisches. Die Schnitzel und Steaks z.B. in Schillings Gasthof in Schaprode direkt am Hafen sind eine bekannte Delikatesse.

»Wir haben nur dann unser Fleisch auf der Karte, wenn wir gerade ein Tier geschlachtet haben. Danach ist oft auch wieder Schluss.« Es ist ihm wichtig, den Menschen zu vermitteln, dass sie hier keine Massenware produzieren, sondern alles begrenzt und eben etwas Besonderes ist. Zusätzlich wird das Fleisch und auch Würste und Wurst im Glas über den Online-Shop, einen Hofladen und an Marktständen vertrieben. Die Tage sind lang für Familie Schilling und auch seine Frau Nicolle wirkt unermüdlich im Unternehmen mit. »Alleine wäre das nicht zu schaffen«, sagt Mathias und lächelt seine Frau an.

Mein Tag auf Öhe war unvergesslich, die Gastfreundschaft überall spürbar und der ganzheitliche Ansatz der Aufzucht und die Direktvermarktung sind ein tolles Beispiel, wie es funktionieren kann.

**MATHIAS SCHILLING,** Landwirt, Unternehmer und Gastronom, **INSEL ÖHE**

# AUF EIN WORT MIT MATHIAS SCHILLING

**WAS IST DEIN LIEBLINGSGERICHT?**
Steak.

**WAS IST DER ANTRIEB FÜR DEINE ARBEIT?**
Glückliche Menschen.

**WAS WÜNSCHT DU DIR FÜR DIE ZUKUNFT?**
Erfüllung.

**WAS MACHT DICH GLÜCKLICH?**
Eine gute Zeit.

**WIE LANGE ÜBST DU DEINE ARBEIT SCHON AUS?**
Seit 1990 bzw. 2006.

# SANDWICH
## perfekt für unterwegs

Rotkohl dünn schneiden und in einer Schüssel mit Orangensaft, Rapsöl, Salz und Pfeffer mischen und beiseitestellen.

Gurken in dünne Scheiben schneiden. Öhe-Salami und Käse so dünn wie möglich schneiden.

Am besten verwendet ihr Sauerteigbrot und schneidet die Scheiben nicht zu dünn. Belegen Sie die Stullen wie auf dem Bild abgebildet mit drei Scheiben Brot.

Die untere Scheibe mit Süßrahmbutter bestreichen, dann mit einigen Scheiben Käse, dann mit einer Schicht Öhe-Salami belegen. Mit einigen Scheiben saure Gurken und dann mit Rotkohlsalat belegen. In die Mitte eine auf beiden Seiten mit Süßrahmbutter bestrichene Scheibe Brot legen. Dann noch einmal den Vorgang des Belegens wiederholen und eine Scheibe Brot als Abschluss verwenden, wobei bei der obersten Schicht auf den Rotkohl noch eine Schicht Mayonnaise gegeben wird.

**ZUTATEN**
50 g Rotkohl
2 TL Orangensaft
1 TL Rapsöl
1 Msp. Salz
1 Msp. frisch gemahlener schwarzer Pfeffer
4 saure Gurken
120 g dünn geschnittene luftgetrocknete Öhe-Salami
12 Scheiben regionaler Käse, z.B. Alt Mecklenburger
3 Scheiben Sauerteigbrot
20 g Süßrahmbutter
3 EL Mayonnaise

**2** Personen
**25** Minuten

# OMA META
## Rezepte von 1910 heutzutage

Das Kochbuch von Oma Meta ist ein richtiger Schatz! Und auch ein Fenster in eine irgendwie mystische und spannende Vergangenheit. Es war meine Mutter, die damals im Nachlass ihrer Mutter auf das Kochbuch gestoßen ist. Sie hat mich ganz aufgeregt angerufen, mir von dem Fund berichtet und ich war sofort Feuer und Flamme.

Und um es gleich vorweg richtig zu erklären, Oma Meta ist die Schwester meiner Uroma Else, die ich selbst noch kennenlernen durfte. Ich werde sie, der Einfachheit halber, in diesem Buch »Oma Meta« nennen. Oma Meta hat ihr geliebtes Kochbuch irgendwann ihrer kleinen Schwester Else weitergegeben. Als Geschenk zu ihrer späten Hochzeit. Sie ist 1886 geboren und hat bis 1951 gelebt. Die Rezepte im Buch sind um 1900 bis 1910 entstanden.

Oma Meta lebte auf dem Familienhof in Kirchgellersen bei Lüneburg und später mit ihrem Ehemann in Reppenstedt, einen Steinwurf entfernt. Zum Familienhof gehörten ungefähr 10 Hektar Land. Die Geschichte von Oma Meta ist nicht unüblich für diese Zeit, geprägt von den geschichtlichen Ereignissen und Schicksalen; den Irrungen und Ängsten im 2. Weltkrieg, eine schwierige Ehe und später ein plagendes Rheuma. Dennoch muss sie eine sehr liebenswerte und »engelhafte« Person gewesen sein. Auch hat sie sich nie beklagt und mit Freude das Leben auf dem Land und mit den Kindern gestaltet.

Oma Meta sammelte wohl über eine sehr lange Zeit Rezepte aus ihrem Umfeld und hielt sie fein säuberlich in ihrem Kochbuch fest. Ich kann mir richtig vorstellen, wie damals gekocht wurde; ich kenne das teilweise noch von meiner Oma. In der Stube gab es einen Herd, welcher mit Holz befeuert wurde und oben schwere Eisenringe hatte, die je nachdem wie viele man herausnahm, die Größe der Feuerstelle und des Topfes definierten.

Oftmals wurden Rezepte damals festgehalten, wenn das Gericht etwas Besonderes war, ein Festtagsgericht, ein Sonntagsbraten oder ein Jagdschmaus. Oma Meta hat zudem aber auch viele alltägliche Gerichte dokumentiert.

Ich habe versucht, eine gute Schnittmenge der Rezepte für dieses Kapitel zu finden. Von eingelegten Nüssen und Marmeladen über Steak Tatar, die klassischen Muscheln und Teegebäck bis hin zu Endiviengemüse und Apfel-Bohnengemüse. Ich finde es spannend zu sehen, wie früher die Herangehensweise war. Immer im Kontext der Zeit, in der hart gearbeitet wurde, oft in großen Familienverbänden zusammengewohnt wurde und Lebensmittel viel selbst angebaut und produziert wurden. Willkommen in dieser kleinen Zeitreise!

# ORANGENMARMELADE mit Pfeffer

Orangen waschen, vierteln und mit der Schale in feine Scheiben oder in ganz dünne Streifen schneiden. Dann gibt man sie in eine Schüssel, nachdem alle Kerne vorsichtig entfernt worden sind.

Zucker darüberstreuen, die Pfefferkörner beigeben und alles gut vermischen. Dann einen Liter Wasser darübergeben und die Mischung über Nacht in den Kühlschrank stellen.

Am nächsten Tag die Mischung in einem Topf aufkochen und Gelierzucker zugeben. Alles so lange bei niedriger Temperatur köcheln, bis die Masse geleeartig wird. Dann heiß in die gereinigten Gläser geben, diese fest verschließen und kurze Zeit auf den Kopf stellen.

**ZUTATEN**
6 reife unbehandelte Orangen
400 g Zucker
1 EL schwarze Pfefferkörner
300 g Gelierzucker

**2** Gläser je 400 ml
**40** Minuten

# BOHNEN und Äpfel

Bohnen waschen und in reichlich kaltes Salzwasser geben. Dieses bringt man dann zum Kochen, gibt das Natron dazu und kocht die Bohnen 15 Minuten. Dann werden die Bohnen in ein Sieb gegeben und kalt abgespült, worauf man sie in einen weiteren Topf schüttet. Man kocht sie dann in der Gemüsebrühe weich, wobei sie immer wieder gerührt werden müssen. Die Bohnen müssen weich sein und kochen 1½–2 Stunden.

Äpfel vierteln, das Kerngehäuse entfernen und die Äpfel in daumennagelgroße Stücke schneiden. Sie werden mit Zucker, einer Prise Salz und mit etwas (etwa 2 Espressotassen) Wasser 4–5 Minuten weich gekocht. Verwenden Sie hierfür einen Topf mit Deckel.

Speck in Streifen schneiden und in einer Pfanne mit Butter hell anbraten. Die Bohnen dazugeben und die Äpfel mit ihrer Flüssigkeit untermischen. Zum Schluss den Essig beigeben und alles mit Pfeffer abschmecken.

Vor dem Servieren mit abgezupften Majoranblättern bestreuen.

**ZUTATEN**
300 g getrocknete weiße Bohnen
Salz
1 Msp. Natron
675 ml Gemüsefond (siehe Seite 208)
500 g frische Äpfel (geschält)
30 g Zucker
50 g durchwachsener Speck
25 g Süßrahmbutter
4 EL heller Weinessig
1 Msp. frisch gemahlener schwarzer Pfeffer
4 Stängel frischer Majoran

**4–6** Personen
**140** Minuten

# ENDIVIEN mit Röstbrot

Endiviensalat in die Hand nehmen, umdrehen und vorsichtig mit einem Messer den Strunk so herausschneiden, dass die Blätter noch zusammenhalten. Dann die Blätter gründlich mit kaltem Wasser waschen und anschließend für etwa 4–5 Minuten in Salzwasser blanchieren. Die Salate herausnehmen, unter fließendem kaltem Wasser abschrecken und dann so lange ausdrücken, bis sie fast trocken sind. Den Salat in etwa 1 cm breite Streifen schneiden.

Zwiebel und Knoblauch abziehen und fein hacken. Brotscheiben mit Rapsöl bestreichen, mit dem gehackten Knoblauch bestreuen und im vorgeheizten Backofen bei 150 °C Umluft etwa 15 Minuten backen. In einem Topf Butter schmelzen, Zwiebel dazugeben und leicht glasig anbraten. Sahne und Eigelb in einer kleinen Schüssel mit einer Gabel mischen und beiseitestellen.

Den geschnittenen Salat zu der Zwiebel geben und kurz mitbraten. Dann die Sahne-Eigelb-Mischung zugeben und alles verrühren. So lange leise köcheln, bis die Sahne-Eigelb-Mischung langsam anfängt, dickflüssig zu werden. Mit Muskatnuss und Salz abschmecken und heiß auf einer Platte servieren. Vor dem Servieren eine Brotscheibe pro Portion über dem Endiviengemüse grob zerbrechen.

Oma Meta schrieb, es passt zu Kotelett, Schnitzeln und verlorenen Eiern.

**ZUTATEN**

3 Köpfe Endiviensalat
Salz
1 Zwiebel
1 Knoblauchzehe
6 dünne Scheiben helles Brot
2 EL Rapsöl
30 g Süßrahmbutter
200 ml flüssige Sahne
2 Eigelb (Eier Größe L)
2 Msp. geriebene Muskatnuss

**6** Personen
**45** Minuten

# CREME MOUZZELIN

## Maronencreme mit getrockneten Maronen und Pflaumenblüten

**MARONENCREME** | Für die Maronencreme Maronen auf einem Brett fein hacken. In einem kleinen Topf Sherry mit Zucker und Vanillezucker zum Kochen bringen. Nun 100 g der gehackten Maronen in den Topf geben, vermischen und beiseitestellen. Gelatine in reichlich kaltem Wasser 10 Minuten einweichen.

Die übrigen gehackten Maronen mit Puderzucker mischen, auf ein mit Backpapier ausgelegtes Backblech geben, bei 150 °C Umluft im vorgeheizten Backofen für 20 Minuten knusprig backen, dann herausnehmen und auskühlen lassen.

Zu den gehackten Maronen im Topf die ausgedrückte Gelatine geben und kurz erhitzen, bis die Gelatine flüssig wird und sich mit der Masse vermischt. Dann alles wieder auf Zimmertemperatur erkalten lassen.

Schlagsahne und Salz in einem hohen Gefäß mit einem Rührstab steif schlagen. Die Maronenmasse vorsichtig mit einem Schneebesen unter die geschlagene Sahne heben, bis sich alles gut vermischt hat, dann in einer Schüssel im Kühlschrank mindestens 2 Stunden durchkühlen lassen.

**PFLAUMENBLÜTEN** | Für die Blüten Pflaumenblüten vorsichtig auf ein Backblech mit Backpapier legen, mit einem Pinsel behutsam das Eiweiß auf die Blüten streichen und diese mit dem Zucker bestreuen. Die Blüten im Backofen bei 40 °C 4–5 Stunden trocknen.

Auf einem Teller erst einige der getrockneten knusprigen Maronen verteilen und darauf mit einem Löffel eine Nocke Maronencreme setzen. Diese mit den gezuckerten Blüten bestreuen und servieren.

**MARONENCREME**
125 g gekochte Maronen
3 EL Sherry dry
40 g Zucker
1 Päckchen Vanillezucker
2 Blatt helle Gelatine
1 EL Puderzucker
200 ml flüssige Sahne
1 Msp. Salz

**BLÜTEN**
ca. 20 Pflaumenblüten
1 Eiweiß (Ei Größe L)
10 g Zucker

**6** Personen
**70** Minuten
**4–5** Stunden Trocknungszeit

# BEEFSTEAK TATAR 1900

Rindfleisch mit einem scharfen Messer von allen Sehnen und fettigen Teilen befreien und auf einem Brett in dünne Streifen schneiden. Diese übereinanderlegen und in möglichst feine Stücke schneiden. Der so entstandene Tatar muss während der Zubereitung der weiteren Zutaten gekühlt werden.

Gewürzgurken, Kapern und die abgezogene Zwiebel in möglichst kleine Würfel schneiden. Die frischen rohen Sardinen mit einem kleinen Messer am Bauch aufschneiden und unter laufendem kaltem Wasser ausnehmen. Dann die Fische abtrocknen und die Filets herausschneiden. Diese der Länge nach halbieren und in feine Würfel schneiden.

Man kann den Tatar auf drei Arten servieren. Entweder werden alle Zutaten gleich in einer Schüssel gemischt und die Masse ringförmig angerichtet. Oder man mischt alle Zutaten bis auf das Eigelb zusammen und richtet sie ringförmig auf dem Teller an. Nun formt man eine Kuhle in die Mitte des Tatars und legt vorsichtig das Eigelb hinein. So kann man dann das Tatar selbst mit dem Eigelb vermengen.

Die aufwändigste Variante ist alle Zutaten einzeln in kleinen Schüsseln zu servieren und sich den Tatar am Tisch in einer kleinen Schüssel selbst zu mischen und zuzubereiten.

**ZUTATEN**

400 g Rindfleisch aus der Keule
3 Gewürzgurken
3 EL Kapern
1 kleine Zwiebel
6 frische Sardinen
2 TL mittelscharfer Senf
1 TL Paprikapulver
1 TL feines Meersalz
3 Msp. frisch gemahlener schwarzer Pfeffer
3 TL Rapsöl
4 Eigelb (Eier Größe L)

**4** Personen
**60** Minuten

# SCHWARZE WALNÜSSE eingelegt

Die Walnüsse müssen mit einer feinen und langen Nadel jeweils um die 60-mal vollständig durchstochen werden. Dann werden sie in etwa 4 Liter kaltes Wasser gelegt und bedeckt.

Einmal am Tag muss das Wasser vollständig erneuert werden. Diesen Vorgang wiederholt man 4–6 Wochen lang jeden Tag, je nachdem wie schwarz und durchfermentiert man die Nüsse haben möchte. Unsere Nüsse hier waren 4 Wochen im Wasser. Ich mag es, wenn sie in der Mitte schon weich, aber noch hell sind. Wenn die Walnüsse »reif« sind, werden sie aus dem Wasser genommen und abgewaschen.

In einem Topf wird der Zucker mit 10 ml Wasser unter Rühren zum Kochen gebracht, so lange, bis ein hellbrauner Karamell entsteht. Dann gießt man den Karamell mit 2 Litern Wasser auf und fügt Zimt, Salz und Zitronenschale dazu und kocht alles etwa 30 Minuten langsam durch.

Nüsse in den Sud geben und alles zusammen etwa 10 Minuten kochen, bis die Nüsse weich werden. Das kann man gut mit einer Nadel oder einem Zahnstocher prüfen. Durch das Kochen wird der Fermentationsprozess unterbrochen.

Wenn die Nüsse weich werden, diese in Gläser füllen, pro 5 Nüsse eine Gewürznelke mit in das Glas geben und mit dem kochenden Sud übergießen. Die Gläser sofort verschließen und an einen kühlen Ort stellen.

Ihre eingeweckten Nüsse sind so mehrere Jahre haltbar. Ich empfehle, möglichst kleine Gläser zu verwenden, dann »verschwenden« sie nicht so viel, wenn für ein Rezept vielleicht nur 1–2 Nüsse gebraucht werden.

**ZUTATEN**

1 kg noch grüne, unreife Walnüsse
250 g Zucker
½ TL gemahlener Zimt
½ TL Salz
Zitronenschale von ½ unbehandelten Zitrone
etwa 8 Gewürznelken

**4–6** Wochen

# MUSCHELRAGOUT

Miesmuscheln gut waschen, die geöffneten oder beschädigten aussortieren und ggf. Bärte beseitigen. Zwiebeln und Knoblauch abziehen und grob würfeln. Bei dem Knoblauch den inneren Strunk vorher herausnehmen.

Karotten schälen und in kleine Würfel schneiden. Fenchel erst in Streifen und dann in Würfel schneiden. Den gewaschenen Stangensellerie einmal halbieren und ebenfalls würfeln. In einem Topf Süßrahmbutter und Rapsöl heiß werden lassen, Zwiebeln und Knoblauch zugeben und kurz anbraten, dann Muscheln zugeben und den Deckel auf den Topf setzen.

Die Muscheln im Topf bei hoher Temperatur 5 Minuten kochen lassen. Dann mit einer Schaumkelle die Muscheln vorsichtig herausnehmen, in eine Schüssel geben und beiseitestellen. In den Topf Wermuth, Karotten, Fenchel und Stangensellerie geben, alles zusammen 5 Minuten leise köcheln lassen und mit Salz abschmecken.

Maisstärke mit 2 TL kaltem Wasser verrühren und damit die Flüssigkeit abbinden. Muscheln wieder in den Topf geben, umrühren und noch einmal aufkochen. Von der gewaschenen Petersilie die Blätter abzupfen und grob hacken.

Zum Servieren die Muscheln heiß in eine Schüssel füllen, mit Petersilie bestreuen und servieren.

**ZUTATEN**

1,5 kg frische Miesmuscheln
2 kleine Zwiebeln
2 Knoblauchzehen
2 Karotten
½ Fenchel
5 Staudenselleriestängel
70 g Süßrahmbutter
30 ml Rapsöl
100 ml heller Wermuth
1 TL Meersalz
2 TL Maisstärke
5 Stängel glatte Petersilie

**4** Personen
**50** Minuten

# MÜRBES TEEGEBÄCK mit Holundergelee

Für die Kekse Mehl in eine Schüssel sieben und mit Mandelmehl, Zucker und Vanillezucker vermischen. Zimmerwarme Butter mit einem Knethaken unterrühren und alles zu einem festen Teig vermengen. Zimt zugeben und den Teig 2 Stunden ruhen lassen.
Teig halbieren. Dann für die Unterseite der Kekse aus einer Hälfte etwa 16 Kugeln formen, diese flach drücken und auf einem mit Backpapier ausgelegten Backblech verteilen. Für die Oberseite mit der anderen Hälfte ebenso verfahren aber die Kugeln nicht ganz so flach drücken. Kekse im Backofen bei 200 °C etwa 10 Minuten backen und auf einem Kuchengitter abkühlen lassen.

Für die Füllung Holundergelee in einem kleinen Topf bei geringer Temperatur flüssig werden lassen. Gelatine in kaltem Wasser 5 Minuten einweichen und zu dem warmen flüssigen Gelee geben. Die Masse leicht abkühlen lassen, bis sie leicht andickt. Mit einem Löffel einen Klecks der Masse auf den unteren Keks geben, den oberen Keks auflegen und behutsam andrücken.

Alternativ können Sie die Füllung auch in einen Einweg-Spritzbeutel geben, die Spitze abschneiden und so die Füllung auf die unteren Kekse geben. Kekse kalt stellen und vor dem Servieren mit Zimt und Puderzucker bestauben.

**KEKSE**
280 g Mehl Type 405
100 g Mandelmehl
100 g Zucker
1 Päckchen Vanillezucker
280 g Süßrahmbutter
1 Prise gemahlener Zimt

**FÜLLUNG**
140 g Holundergelee
1½ Blatt Gelatine (2,4 g)
1 Msp. gemahlener Zimt
1 TL Puderzucker zum Bestauben

etwa **16** Doppelkekse
**60** Minuten
**120** Minuten Ruhezeit für den Teig

SCHNÖKERN

# Naschen

Oh ja, es wird viel genascht in Norddeutschland. Auch hier bin ich immer wieder begeistert von den Kombinationen. Diese sind zum einen geprägt von dem vielen Obst, das hier überall zu finden ist, aber auch von den deftigen Einflüssen und regionalen Produkten; den Mehlspeisen, Butter, Rum, Sanddorn, Ziegenkäse und Quark, oh du herrlicher Norden!

Die Rezepte sind recht einfach umzusetzen, garantieren dennoch einen spannenden und gelungenen Abschluss eines gemütlichen Essens zu Hause. Wobei, ich bin der Meinung, die Naschereien in diesem Kapitel haben durchaus auch das Zeug für eine Hauptrolle.

Und noch ein kleiner Tipp: im Rezept für den Rumtopf mit Vanilleeis versteckt sich dann noch ein kleiner Vorrat an »Grundlagenlikör« für einen köstlichen Grog!

# GRATINIERTE ERDBEEREN
## mit Ziegenkäse und gebrannten Haselnüssen

Für die Ziegenkäsecreme Ziegenkäse (Zimmertemperatur) mit Crème fraîche, Sauerrahm, Haselnusskernen, Salz, Honig und Rapsöl in einer Schüssel mischen und glatt rühren. Es sollte eine dickflüssige Konsistenz entstehen.

Für die gebrannten Haselnusskerne Haselnusskerne bei 160 °C Umluft für 10 Minuten auf einem Blech im vorgeheizten Backofen rösten. Herausnehmen, abkühlen lassen und zwischen den Händen die Schale abreiben. Zucker mit 2 EL Wasser in einer kleinen Pfanne erhitzen und immer wieder schwenken. Wenn der Zucker anfängt, dickflüssig und braun zu werden, die Haselnüsse zugeben und durchmischen. Mit der Gewürzmischung Raz el Hanout bestauben, mischen, herausnehmen und abkühlen lassen.

Erdbeeren waschen, vom Strunk befreien und je nach Größe halbieren oder in dickere Scheiben schneiden. Die Erdbeeren überlappend und kreisförmig auf Tellern anrichten und mit Vanillezucker bestreuen.

Zum Garnieren die Erdbeeren vorsichtig mit der Ziegenkäsecreme bestreichen, wobei ein Rand der Beeren zu sehen sein sollte. Die Ziegenkäsecreme mit Zucker und Vanillezucker bestreuen und diesen dann mit einem Gasbrenner gratinieren. Wenn die Erdbeeren gratiniert sind, mit den Haselnüssen bestreuen und servieren.

**ZIEGENKÄSECREME**
200 g milder Ziegenkäse ohne Haut
100 g Crème fraîche
50 g Sauerrahm
100 g gemahlene Haselnusskerne
1 Msp. Salz
2 EL Blütenhonig
2 EL Rapsöl

**GEBRANNTE HASELNUSSKERN**
20 g Haselnusskerne
30 g Zucker
1 TL Raz-El-Hanout-Gewürzmischung

**ERDBEEREN**
500 g Erdbeeren
2 EL Vanillezucker

**GARNIETUR**
3 EL Zucker
2 TL Vanillezucker

**6** Personen
**40** Minuten

# KRÜMEL-QUARKKUCHEN mit roten Johannisbeeren und Sanddornmarmelade

Für den Boden Kekse ganz fein stampfen, mit Süßrahmbutter (Zimmertemperatur), Pfeffer und Salz mischen und alles gleichmäßig in die, mit Süßrahmbutter eingeriebene und am Boden mit Backpapier ausgelegte Backform (Durchmesser 20 cm) hineindrücken. Darauf achten, dass ein mindestens 3 cm hoher, nicht zu dünner Rand entsteht, und den Boden bis zum Füllen kalt stellen.

Für die Füllung Eigelb mit Zucker schaumig schlagen. Ei zugeben und nochmals gut verquirlen. Quark zufügen und zu einer glatten Masse verrühren.

Johannisbeeren waschen, abzupfen, unter die Masse heben und in die kalte Form mit dem Boden füllen. Sanddornmarmelade in Klecksen auf die Masse geben und mit einem Löffel leicht verrühren, sodass Muster entstehen. Den Kuchen im vorgeheizten Backofen bei 160 °C Umluft etwa 40 Minuten backen.

Kuchen auf einem Kuchengitter auskühlen lassen, in Stücke schneiden und servieren.

**BODEN**

150 g Vollkorn-Butterkekse
70 g Süßrahmbutter und etwas zum Einfetten
2 Msp. frisch gemahlener schwarzer Pfeffer
1 Msp. Salz

**FÜLLUNG**

2 Eigelb (von Eiern Größe L)
50 g Zucker
1 Ei (Größe L)
250 g Bio-Ziegenquark
120 g rote Johannisbeeren
70 g Sanddornmarmelade

**12** Stücke
**70** Minuten

# FLENSBURGER

## heiße Rumfrüchte mit cremigem Vanilleeis

**RUMTOPF** | Für den Rumtopf Früchte waschen und von den Strünken befreien. Kirschen und Pflaumen entsteinen. Ich mag es sehr, wenn die Pflaumen gehäutet sind; mit einem scharfen, kleinen Messer funktioniert das am besten. Zucker mit Rum einmal aufkochen und umrühren, bis der Zucker sich aufgelöst hat. Die Früchte in die Weckgläser geben, mit einigen Pfefferkörnern und Zitronenschale mischen. Den kochend heißen Rum aufgießen, bis alle Früchte bedeckt sind, und die Gläser verschließen.

**VANILLEEIS** | Für das Vanilleeis Eigelbe mit 130 g Zucker über dem heißen Wasserbad schaumig schlagen. Vanilleschote der Länge nach mit einem kleinen Messer aufritzen und das Mark mit der Messerrückseite herausschieben. Vollmilch, Sahne und übrigen Zucker vermischen. Vanillemark und die ausgekratzte Schote dazugeben und erhitzen, bis kurz bevor es kocht.

Dann langsam in die Eigelb-Zuckermischung fließen lassen, so lange mit einem Teigschaber rühren, bis die Masse anfängt, dickflüssiger zu werden und abkühlen lassen. Nach dem Auskühlen in einer Eismaschine zu Vanilleeis verarbeiten.

Zum Anrichten die Früchte mit etwas Rumfond erhitzen und schnell mit dem Vanilleeis servieren.

**TIPP** | Es wird eine kleine Menge Rum-Zucker-Gemisch übrig bleiben. Dies ist eine perfekte Basis für einen heißen Grog und kann in eine kleine Flasche gefüllt werden.

**RUMTOPF**
1 kg Früchte (Erdbeeren, Kirschen, Pflaumen)
500 g Zucker
700 ml brauner Rum
Schwarze Pfefferkörner
Schale von ½ unbehandelten Zitrone

**VANILLEEIS**
5 Eigelb (Ei Größe L)
150 g Zucker
1 Vanilleschote
250 ml Vollmilch 3,5 %
250 ml flüssige Sahne

**6** Personen | 2 Gläser je 650 ml
**140** Minuten

# BUTTERMILCHEIS mit Sanddorn und Baiser

**BUTTERMILCHEIS** | Für das Buttermilcheis Eiweiße mit 130 g Zucker über dem heißen Wasserbad schaumig schlagen. Buttermilch, Sahne, übrigen Zucker und Zitronenabrieb vermischen und erhitzen, bis kurz bevor es kocht. Dann langsam in die Eiweiß-Zuckermischung fließen lassen, Salz zugeben und etwa vier Minuten unter langsamem Rühren erhitzen. Mischung auskühlen lassen. Nach dem Auskühlen in eine Eismaschine geben und zu Buttermilcheis verarbeiten.

Wenn die Mischung in der Eismaschine fest wird, langsam das Sanddornmark hinzugeben. Die Masse noch kurz weiterrühren lassen, bis sich alles gut vermengt hat, dann umfüllen und im Gefrierschrank aufbewahren.

**BAISER** | Für das Baiser Eiweiß (Zimmertemperatur) und Salz in einem schmalen hohen Gefäß auf höchster Stufe schlagen. Langsam Zucker einrieseln lassen und so lange schlagen, bis eine feste, glänzende Masse entstanden ist. Diese in einen Spritzbeutel geben, auf ein mit Backpapier ausgelegtes Backblech kleine Punkte spritzen und im vorgeheizten Backofen bei 90 °C Umluft etwa 2 Stunden backen. Wenn möglich, die Backofentür während des Backens einen Spalt breit geöffnet lassen, damit die Feuchtigkeit noch besser entweichen kann. Baiser im geöffneten Backofen auskühlen lassen und nicht offen aufbewahren.

Das Eis vor dem Servieren etwas antauen lassen. Zum Anrichten 1 EL Sanddornmark in die Mitte des Tellers geben und eine Nocke vom Eis darauf platzieren. Mit dem gekrümelten Baiser bestreuen.

**BUTTERMILCHEIS**
2 Eiweiß (Eier Größe L)
160 g Zucker
500 ml Buttermilch
300 ml flüssige Sahne
abgeriebene Schale von 1 unbehandelten Zitrone
1 Msp. Salz
100 g Sanddornmark

**BAISER**
3 Eiweiß (Eier Größe L)
1 Msp. Salz
40 g Zucker

7 EL Sanddornmark zum Anrichten

**7** Personen
**2** Stunden & **20** Stunden

# SÜSSE KLÖSSE

## in süßer Milch und knuspriger weißer Schokolade

**KLÖSSE** | Für die Klöße Mehl in eine Rührschüssel sieben. Trockenhefe und 50 g Zucker unter das Mehl mischen. Weiche Butter und Ei zum Mehl geben und mit Knethaken beginnen zu verkneten. 250 ml lauwarme Vollmilch während des Mischens zum Teig geben, bis eine homogene Masse entstanden ist.

Den Teig in acht gleich große Stücke teilen. Diese zu Kugeln formen und auf einem Brett etwa bierdeckelgroß ausrollen. In der Mitte mit dem Pflaumenmus füllen, dann die Seiten hochklappen und wieder eine geschlossene Kugel formen. Diese mit etwa 6 cm Abstand in eine gebutterte Backform geben. Abgedeckt an einem warmen Ort 30 Minuten gehen lassen und dann im vorgeheizten Backofen bei Umluft bei 160 °C etwa 20 Minuten backen.

Übrige Vollmilch mit restlichem Zucker, Vanillezucker, Zitronenabrieb (etwas zum Garnieren behalten) und Zimtstange kalt in einem Topf mischen und langsam erhitzen. Die Milch darf nicht kochen. Wenn sich leichter Schaum bildet, die Temperatur reduzieren und die Milch 20 Minuten durchziehen lassen. Zimtstange aus der Milch entfernen und die Milch vor dem Servieren kurz mit einem Pürierstab aufschäumen.

Für die gebackene Schokolade die Tafel in kleine Stücke brechen, auf ein mit Backpapier ausgelegtes Backblech legen und im vorgeheizten Backofen bei 160 °C etwa 15 Minuten backen. Zwischendurch immer wieder mit einer Gabel etwas vermengen. Wenn die Schokolade dunkelbraun wird, ist sie fertig. Dann auskühlen lassen und in die gewünschte Größe brechen.

Je einen Kloß in die Mitte der Teller setzen und mit der Milch begießen. Mit etwas Zitronenschale, Puderzucker und den Stücken der gebackenen Schokolade bestreuen und servieren.

**KLÖSSE**
500 g Mehl Type 405
1 Päckchen Trockenhefe (für 500 g Mehl)
300 g Zucker
70 g Süßrahmbutter (und etwas für die Form)
1 Ei (Größe L)
1,5 l Vollmilch
Etwa 100 g Pflaumenmus
2 Päckchen Vanillezucker
Abrieb von 2 unbehandelten Zitronen
1 Zimtstange
1 Tafel weiße Schokolade (100 g)
Etwas Puderzucker zum Bestäuben

**8** Personen
**70** Minuten

# APFELCRUMBLE mit Rosinen

**APFEL** | Für die Apfelmasse Äpfel schälen, vierteln und das Kerngehäuse entfernen. Die Stücke von 3 Äpfeln in haselnussgroße Stücke schneiden und beiseitelegen. Die übrigen Äpfel grob würfeln, mit Zucker (1 EL zurückbehalten) und Vanillezucker in einen Topf geben und abgedeckt bei geringer Temperatur 3–5 Minuten schmoren lassen.

Den Apfelsaft dazugeben, umrühren, kurz kochen lassen und dann fein pürieren. Rosinen beigeben und die Apfelmasse beiseitestellen.

In einem Topf die Butter schmelzen und die übrigen Apfelstücke darin leicht anbraten. Übrigen Zucker beigeben und 1 Minute unter Rühren anbraten. Dann die fein pürierten Äpfel dazugeben, alles mischen und beiseitestellen.

**STREUSEL** | Für die Streusel weiche Butter mit Zucker und gesiebtem Mehl zu einem festen Teig verarbeiten und diesen 20 Minuten im Kühlschrank kalt stellen.

In einer feuerfesten Ofenform (20 x 17 cm) die Apfelmasse etwa 1,5 cm hoch einfüllen. Die Streusel gleichmäßig darauf verteilen, bzw. zerbröseln und im vorgeheizten Backofen bei 200 °C Umluft für 20 Minuten backen.

Apfelcrumble mit Puderzucker bestauben und heiß servieren.

**APFELMASSE**
7 mittelgroße saure Äpfel
(z.B. Granny Smith oder Boskop)
70 g Zucker
1 Päckchen Vanillezucker
50 ml Apfelsaft
30 g Rosinen
70 g Süßrahmbutter

**STREUSEL**
100 g weiche Süßrahmbutter
100 g Zucker
100 g Weizenmehl Typ 405

**3 EL Puderzucker zum Bestauben**

**4** Personen
**70** Minuten

# GRUNDREZEPTE

## Fonds einkochen

GRUNDREZEPTE

# Gemüsefond

Karotte, Kohlrabi, Apfel und Sellerie schälen und grob würfeln. Lauch längs halbieren, waschen und grob schneiden. Knoblauch abziehen, halbieren, den Trieb entfernen und die Hälften noch einmal durchschneiden.

Zwiebel waschen und mit Schale halbieren. Petersilie waschen und mit all den zuvor vorbereiteten Zutaten und 3 Litern kaltem Wasser in einen Topf geben.

Wacholderbeere, Sternanis, Pfefferkörner, Lorbeerblatt, Salz und Zucker in den Topf geben. Alles einmal vorsichtig umrühren und langsam erhitzen. Den Fond 1,5 Stunden vorsichtig köcheln lassen und danach durch ein Sieb passieren. Die Brühe entweder gleich verwenden oder heiß in Drahtbügelgläser abfüllen.

**ZUTATEN**

1 Karotte
1 Kohlrabi
1 Apfel
½ Knollensellerie
½ Lauch
2 Knoblauchzehen
1 Zwiebel
10 Stängel krause Petersilie
1 Wacholderbeere
1 Sternanis
10 ganze schwarze Pfefferkörner
1 Lorbeerblatt
2 EL Salz
1 EL Zucker
4 Pimentkörner

**2** Liter Fond
**150** Minuten

GRUNDREZEPTE

# Fleischfond

Karotte und Sellerie schälen und grob würfeln. Lauch längs halbieren, waschen und grob schneiden. Knoblauch abziehen und halbieren, den Trieb entfernen und die Hälften noch einmal durchschneiden. Zwiebel waschen und mit der Schale halbieren.

Petersilie waschen und mit all den zuvor vorbereiteten Zutaten und 3 Litern kaltem Wasser in einen Topf geben. Das Suppenfleisch ebenfalls in den Topf geben.

Wacholderbeeren, Sternanis, Pfefferkörner, Lorbeerblatt, Pimentkörner, Salz und Zucker in den Topf geben. Alles einmal vorsichtig umrühren und langsam erhitzen. Den Fond 2 Stunden vorsichtig köcheln lassen.

Das Fleisch herausnehmen und danach den Fond durch ein Sieb passieren. Die Brühe entweder gleich verwenden oder heiß in Drahtbügelgläser abfüllen. Das Fleisch verwenden oder vakuumieren.

**ZUTATEN**

1 Karotte
½ Knollensellerie
½ Lauch
2 Knoblauchzehen
1 Zwiebel
10 Stängel krause Petersilie
1 kg Suppenfleisch vom Rind
1 Wacholderbeere
1 Sternanis
10 ganze schwarze Pfefferkörner
1 Lorbeerblatt
4 Pimentkörner
2 EL Salz
1 EL Zucker

**2** Liter Fond
**150** Minuten

GRUNDREZEPTE

# Fischfond

Fenchel und Sellerie schälen und grob würfeln. Lauch längs halbieren, waschen und grob schneiden. Knoblauch abziehen und halbieren, den Trieb entfernen und die Hälften noch einmal durchschneiden. Zwiebel abziehen und grob würfeln.

Estragon waschen und mit all den zuvor vorbereiteten Zutaten und 3 Litern kaltem Wasser in einen Topf geben. Die gewaschenen Fischkarkassen ebenfalls in den Topf geben.

Sternanis, Pfefferkörner, Lorbeerblatt, Pimentkörner, Salz und Zucker in den Topf geben. Alles einmal vorsichtig umrühren und langsam erhitzen. Den Fond 2 Stunden vorsichtig köcheln lassen.

Etwa 20 Minuten vor Ende der Kochzeit das Fischfleisch in die Brühe geben. Dann am Ende der Zeit den Fisch vorsichtig herausnehmen und danach den Fond durch ein Sieb passieren. Die Brühe entweder gleich verwenden oder heiß in Drahtbügelgläser abfüllen. Den Fisch gleich verwenden.

**ZUTATEN**

½ Fenchel
½ Knollensellerie
½ Lauch, heller Teil
2 Knoblauchzehen
1 Zwiebel
1 Stängel Estragon
600 g Fischkarkassen
10 ganze schwarze Pfefferkörner
1 Lorbeerblatt
4 Pimentkörner
2 EL Salz
1 EL Zucker
500 g Fischfleisch
4 Pimentkörner

**2** Liter Fond
**150** Minuten

Char-Broil
Char-Broil
ALL-STAR
TRU-INFRARED

GRILLPIONIER

# Char-Broil

**Alle Grillgerichte können mit den Grills der amerikanischen Marke Char-Broil – den wahren Grillpionieren seit 1948 – einfach nachgemacht werden! Ganz nach dem Motto »Lass einfach Grillen«!**

Während unserer Grill-Shootings hatten wir einen zuverlässigen Partner an unsere Seite. Char-Broil. Aber warum gelingen alle Grillgerichte mit dem Char-Broil-Grill?

Ganz einfach. Bei dem so genannten Char-Broil® TRU-Infrared™-Grillsystem wird das Konzept der hohen Hitzeentwicklung von Holzkohlemodellen aufgegriffen. Die Infrarotgrills übertragen ihre Wärme durch Strahlung (Infrarotwärme). Die Emitterplatte ist dabei das wahre Herzstück des Grills und erzeugt Strahlungshitze anstatt Umlufthitze. Denn Umlufthitze trocknet das Grillgut nur schneller aus. Char-Broil® TRU-Infrared™-Grills garen gleichmäßiger als herkömmliche Grills über die gesamte Grilloberfläche. Dadurch behält das Grillgut mehr Feuchtigkeit, was Saftigkeit und Geschmack deutlich steigert.

Durch eine Kombination von Wärmeabgabe und Brenneraufbau verbraucht der Grill weniger Brennstoff, gart schneller und liefert saftiges Grillgut. Die Luftzirkulation in den TRU-Infrared™-Grillsystemen ist gering, wodurch Aufflammen verhindert wird und die Wärme gleichmäßig verteilt wird – es gibt keine heißen oder kalten Stellen – und das alles bei sehr heißen oder sehr niedrigen Gartemperaturen.

Ein weiterer Vorteil bei diesem leistungsstarken TRU-Infrared™-Grillsystem: Die Effizienz! Das Grillen verbraucht etwa ein Drittel weniger Brennstoff als die Nutzung von Gasgrills und macht das Grillen selbst im kältesten Winterklima einfach. Kurz gesagt: Wir hatten wahnsinnig geschmackvolle Ergebnisse mit unserem Grillrezepten.
Nicht lange überlegen – Lass einfach grillen.

Char-Broil® TRU-INFRARED™

# EIN TEAM
## Eine Idee

**Nach vielen Monaten Arbeit, hunderten gefahrenen Kilometern und unzähligen Stunden hinterm Herd halten wir endlich unser norddeutsches Kochbuch in der Hand. Wir, die Macher hinten diesem Projekt, sind die Freunde Ben Perry, Tommy Hetzel und Lena Daetz. Gemeinsam wurde gekocht, fotografiert, organisiert, wurden Locations gescoutet, Freunde besucht, wurde Food gestylt, gelayoutet, gegessen und gelacht!**

### FOTOGRAFIE: TOMMY HETZEL

Der in Bayern aufgewachsene Exil-Hamburger Tommy Hetzel hat durch dieses Buch den Norden mal ganz abseits der ausgetrampelten Pfade kennengelernt. Besondere Menschen zu porträtieren ist sein Beruf. Ob in der Werbung, im Theater, oder wie hier, im Kochbuch.

www.tommyhetzel.de

### REZEPTE: BEN PERRY

Ben kocht schon fast sein ganzes Leben lang. Zehn Jahre in der Sternegastronomie haben ihn geprägt, davor und danach viele weitere Stationen, Projekte, Menschen, Erfahrungen. Es folgten der Küchenmeister und das Studium zum »Staatlich geprüften Gastronomen« in der Hotelfachschule Heidelberg. Und jetzt, einige Jahre und vier Kinder später, geht er neue Wege – als kulinarischer Berater, Autor, Kräutergärtner und als Koch in seiner eigenen Kochschule.

www.benperry.de

### DESIGN: LENA DAETZ

Lena Daetz ist Designerin in Hamburg und betreut seit Jahren diverse Projekte und Kunden aus der Food-Branche. Bei dem Kochbuch ist sie seit der ersten Stunde dabei. Neben der Gestaltung des Buches unterstützte sie auch beim Food-Styling und suchte passende Locations, um der Seele des Buches einen Rahmen zu geben.

www.fraudaetz.de

# HERZLICHES Dankeschön

Danke an Bens Tochter Cora Gercke.

Danke an Cathrin Brandes für die Organisation und den Support auf Hiddensee.

Und einen großen Dank an alle Freunde, die uns in ihre kulinarische Welt Einblicke gewährt haben – wir hatten geschmackvolle Besuche bei: Eckart Brandt, Mathias Schilling, Gunnar Hesse, Lothar De Vries, Steffen Schnorrenberg, Lutz Bornhöft, Patrick Rüther, Olaf Schnelle und Sönke Magnus Müller – es war uns ein Fest!

Ein Dank geht an Das Freibackhaus, Vollkornbäckerei in Lübeck.

Ganz besonders danken möchten wir unserem Partner Char-Broil Europe, ohne eure Unterstützung wäre das ganze Projekt so nicht möglich gewesen. Wir haben es sehr zu schätzen gelernt, immer den besten Grill an unserer Seite zu haben!
(Thorsten Schwenecke, www.charbroil.de)

Danke an Primus (Heidi Kreusel, www.primusoutdoor.de), Vitamix (Nicola Vieritz, www.vitamix.com) und Chef Works (Kerstin und Holger Schadt, www.chefworks.de) für das großartige Material!

## IMPRESSUM

Verantwortlich: Sonya Mayer
Umschlaggestaltung, Design und Layout: Lena Daetz
Redaktion: Susanne Cremer
Korrektur: Martin Thorn
Repro: Repro Ludwig, Zell am See
Herstellung: Anna Katavic
Partnermanagement: Thomas Nehm

Texte und Rezepte: Benjamin Perry
Fotografie: Tommy Hetzel

Printed in Slovakia by Negrafia Martin.

★★★★★

Sind Sie mit diesem Titel zufrieden? Dann würden wir uns über Ihre Weiterempfehlung freuen. Erzählen Sie es im Freundeskreis, berichten Sie Ihrem Buchhändler, oder bewerten Sie bei Onlinekauf. Und wenn Sie Kritik, Korrekturen, Aktualisierungen haben, freuen wir uns über Ihre Nachricht an:

Christian Verlag,
Postfach 40 02 09, D-80702 München oder
per E-Mail an lektorat@verlagshaus.de.

Unser komplettes Programm finden Sie unter:

www.christian-verlag.de



Die Deutsche Nationalbibliothek verzeichnet diese Publikation in der Deutschen Nationalbibliografie; detaillierte bibliografische Daten sind im Internet über http://dnb.d-nb.de abrufbar.



ISBN 978-3-95961-360-6

# Ebenfalls erhältlich ...

ISBN 978-3-95961-242-5

ISBN 978-3-95961-184-8

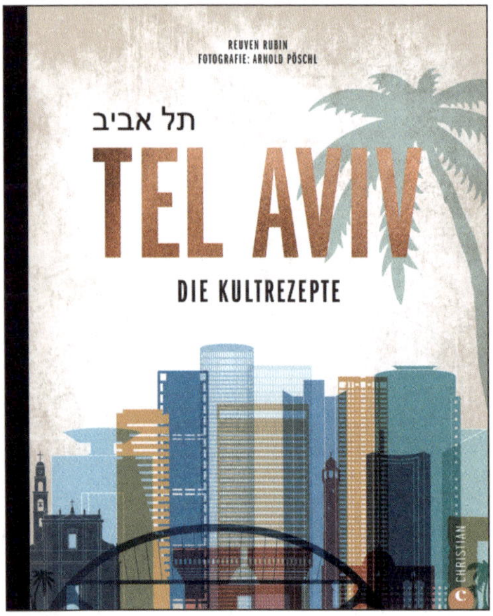


ISBN 978-3-95961-254-8

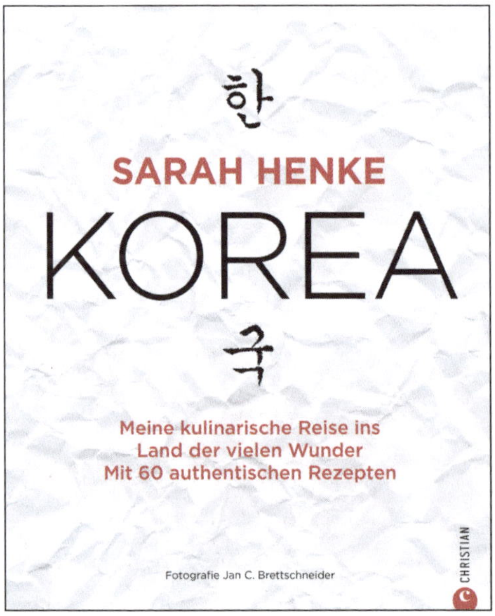


ISBN 978-3-95961-213-5